Achim Schmidt

Fahrrad-Reisebuch

Der Ratgeber
für Ihre erfolgreiche
Radreise-Planung

Impressum:

© Copyright 2003 by BVA – Bielefelder Verlag GmbH & Co. KG, Bielefeld
Alle Rechte vorbehalten. Nachdruck, auch auszugsweise, sowie fotomechanische/
elektronische Wiedergabe nur mit ausdrücklicher Genehmigung des Verlages.

Buch- und Umschlaggestaltung: Green Tomato, Bielefeld

Titelfoto: Vaude
Fotos: AGU (S. 47, 59, 71, 88/89), Bohle (S. 17), Casio (S. 81), H.J. Fuß (S. 52/53, 60/61,
93, 96/97, 109), Mango (S. 31), M. Rodewald (S. 26, 48/49, 50, 56, 65, 73, 90, 91, 94),
A. Schmidt (S. 19, 20, 21, 58, 75, 77, 78, 79, 83, 85, 92), Scott Usa (S. 15, 68),
Selle Royal (S. 16, 86, 87), Swiss Eye (S. 34), Topeak (S. 42, 43, 80), Vaude (S. 6/7, 9,
10, 12/13, 23, 24, 25, 28, 29, 30, 32, 33, 37, 38, 39, 41, 42, 44/45, 67, 110/111),
F. Wittenbrock (S. 9)

Druck: MediaPrint, Paderborn

ISBN: 3-87073-311-X

Achim Schmidt

Fahrrad
REISEBUCH
Der Ratgeber
für Ihre erfolgreiche
Radreise-Planung

Inhalt

Fahrradurlaub im Trend der Zeit

Träumen Sie nicht schon lange von einem Urlaub mit dem Fahrrad? Unabhängig und frei fahren Sie von Ort zu Ort, halten an herrlichen Stellen zur Rast an und spüren den ganzen Tag den Fahrtwind im Gesicht. Der Trend zum Reisen mit dem Rad ist deutlich festzustellen und für viele wird ein langgehegter Jugendtraum wahr: Einmalige Landschaften langsam – im Radeltempo – erkunden und genießen. „Mit dem Auto erlebt man Land und Leute wie im Kino, auf dem Rad ist man mitten drin und *erfährt* unzählige schöne Augenblicke und kleine Abenteuer" schwärmt ein erfahrener Reiseradler und strahlt dabei. Die Eigenheiten und verborgenen Schönheiten einer Region erschließen sich erst auf dem Rad so richtig, und der Kontakt zu den dort lebenden Menschen ist schnell hergestellt, denn ein Reiseradler ist auf ihre Hilfe bei der Suche beispielsweise nach Abzweigungen oder Übernachtungsmöglichkeiten angewiesen. Dabei wird er nicht selten über seine Reiseziele, seine Heimat und sein Rad berichten müssen.

Aber nicht nur ferne Reiseziele locken den Radurlauber. Auch in Deutschland gibt es unzählige schöne Regionen, die sich zu erradeln lohnen.

Dank moderner Materialien und Technologien ist das Radreisen sehr viel komfortabler geworden. Leichtes Zubehör und optimale Packsysteme erlauben den Transport von allem, was man unterwegs benötigt.

In den letzten Jahren nimmt die Zahl der Radfahrer stetig zu und viele Menschen verbringen auch den Urlaub mit ihrem Fahrrad. Eine vom ADFC (Allgemeiner Deutscher Fahrradclub) durchgeführte Untersuchung bestätigt diese Tendenz sehr deutlich.

Ein Urlaub mit dem Rad liegt nicht nur deshalb im Trend der Zeit, weil es viele Gleichgesinnte gibt, verschiedene andere Gründe lassen die Zahl der Radurlauber in die Höhe steigen. Zum Beispiel ist ein Urlaub mit dem Rad sehr viel ökologischer als mit dem Auto oder dem Flugzeug. Das langsame Reisen steht in Kontrast zu unserem hektischen Alltag und dem Verkehrschaos der Städte. Individualität ist einer der großen Freizeittrends der letzten Jahre und lässt sich nur mit wenigen anderen Freizeitaktivitäten ähnlich gut verwirklichen. Sie bestimmen, wohin es geht, wann Sie fahren und wann Sie eine Rast einlegen. Gefällt ein Ort, bleibt man einfach etwas länger.

Nur wenige Nachteile stehen einer Vielzahl von Vorteilen gegenüber, wer jedoch ein wenig genügsam ist und sich wechselnden Umständen anpassen kann, für den lösen sich die vermeintlichen Nachteile in Luft auf. Die erhebliche Beschränkung beim Gepäck und die Wetterausgesetztheit sind zwei häufig vorgebrachte Argumente. Bei genauerer Betrachtung tragen diese beiden Kritikpunkte für viele Radler jedoch zum Reiz und Flair eines Radurlaubs bei.

Man beschränkt sich auf das Wesentliche und merkt, wie unwichtig viele Dinge und Gegenstände des täglichen Lebens sind. Die Ungewissheit, nass zu werden oder in der Hitze zu schwitzen, lässt Radler das Wetter viel stärker wahrnehmen und erleben. Die Verbindung zur Natur bekommt plötzlich eine ganz andere Wertigkeit als in einem klimatisierten Büro oder bei einem Gewitter im Auto.

Dieser handliche Ratgeber soll Ihnen helfen, viele Ihrer Fragen rund um das Thema Radreisen zu beantworten. Haben Sie bisher noch etwas Respekt, ein solches kleines Abenteuer anzugehen, wird sich dieser gewiss nach der Lektüre des Buches in Luft aufgelöst haben. Sie werden merken, dass sowohl Planungsaufwand als auch Kosten sehr überschaubar sind und Sie im Prinzip schon in ein paar Tagen losfahren könnten.

Reiserad

Grundsätzlich kann man mit jedem Radtyp auf Reisen gehen. Während in den sechziger und siebziger Jahren noch einfache Räder mit Dreigangschaltung genutzt wurden, entwickelte sich in den letzten 20 Jahren ein spezieller Radtyp für das Reisen mit dem Rad, das Reiserad. Mountainbike, Rennrad oder Cityrad sind deshalb jedoch nicht völlig ungeeignet. Wer eine längere Reise plant, ist allerdings mit einem echten Reiserad am besten bedient.

Das Reiserad

Es unterscheidet sich von verwandten Radtypen wie Trekking- oder Tourenrad sowie dem ATB (All Terrain Bike) vor allem durch seine Vorrichtungen zum Gepäcktransport. Neben dem obligatorischen Gepäckträger über dem Hinterrad besitzt ein Reiserad am Vorderrad sogenannte Lowrider zur Befestigung von Gepäcktaschen.

Weitere, etwas mehr im Verborgenen liegende Merkmale von Reiserädern sind die spezielle Geometrie, ihre Robustheit und die Laufeigenschaften.

Die Geometrie ist auf Laufruhe und Geradeauslauf ausgelegt. Ein langer Abstand zwischen den Rädern (ca.110-115 cm) und die entsprechenden Rahmenwinkel sorgen dafür. Bei einer Radneuanschaffung muss unbedingt das Fahrverhalten unter Last, das heißt mit Gepäcktaschen, getestet werden.

Außerdem sollte ein Reiserad zwar stabil, aber dennoch möglichst leicht sein, denn Gewicht lädt man sich durch das Gepäck bereits genug auf. Die zulässige Gesamtbelastung des Rades wird leider nur von wenigen Herstellern angegeben. Ein Fahrergewicht von 80 kg und ein Gepäckgewicht von 30 kg ergeben immerhin 110 kg. Hat das Rad nur eine Tragfähigkeit von 115 kg bewegt man sich nah an dieser Grenze. Um unvorhergesehene Probleme (wie Rahmenbrüche) unterwegs zu vermeiden, sollte bewusst das richtige Rad zum kalkulierten Gewicht gewählt werden.

Die Robustheit spielt beim Reiserad eine ganz besondere Rolle, damit auf Reisen möglichst wenige technische Defekte auftreten. Deshalb wird zum Beispiel immer häufiger die 14-Gang-Nabe von Rohloff verbaut, die absolut wartungsarm ist und dem Radler auch in entlegenen Gebieten keinen Kummer bereitet. Exotische Teile, für die kein Ersatz zu bekommen ist oder die nur von ausgebildeten Fachleuten repariert werden können, haben an einem durchdachten Reiserad nichts zu suchen, denn schließlich geht es um seine Zweckmäßigkeit.

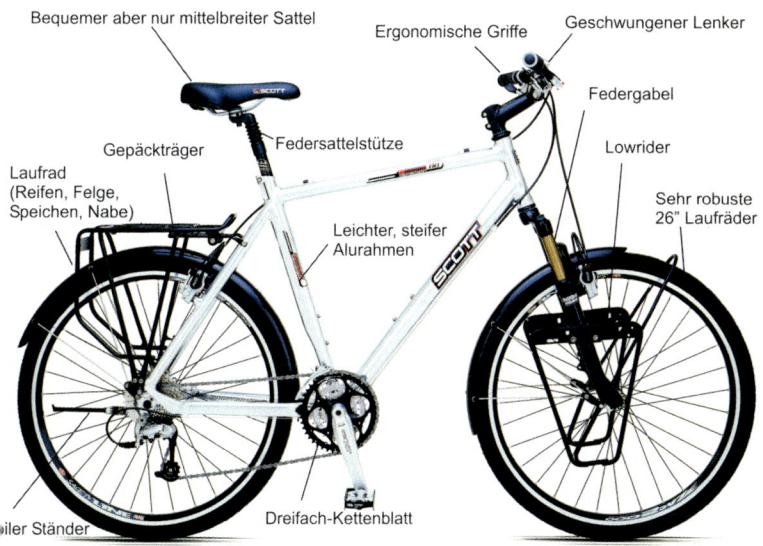

Bequemer aber nur mittelbreiter Sattel

Ergonomische Griffe

Geschwungener Lenker

Federgabel

Gepäckträger

Federsattelstütze

Lowrider

Laufrad
(Reifen, Felge,
Speichen, Nabe)

Leichter, steifer
Alurahmen

Sehr robuste
26" Laufräder

...iler Ständer

Dreifach-Kettenblatt

Die Ausstattungsmerkmale eines Reserades

Rahmen

Der Rahmen ist heutzutage meistens aus leichtem und dabei auch steifem Aluminium gefertigt. Weltumradler schwören allerdings auf Stahlrahmen, da diese an nahezu jedem Ort der Welt in Autowerkstätten mit einem Schweißgerät repariert werden können. Wichtig sind ausreichende Gewinde und Ösen am Rahmen zum Befestigen von Gepäckträgern.

Eine Federgabel erhöht den Fahrkomfort insbesondere auf unbefestigten Wegen. Die Vollfederung wird immer beliebter und steigert den Fahrkomfort nochmals erheblich, schlägt jedoch mit etwas mehr Gewicht zu Buche. Allerdings sind viele Reiseradler Puristen und verzichten hier lieber auf die Bequemlichkeit und sparen etwas Gewicht ein. Wer ausschließlich auf Asphalt fährt, braucht ohnehin nicht zwangsläufig eine Federung.

Schaltung

Ein Reiserad verfügt heute in der Regel über 3 mal 8 oder 3 mal 9 Gänge. Mit 24 bzw. 27 Gängen kann man auch noch bei schwerer Zuladung steile Anstiege bezwingen und findet sowohl bei Rückenwind als auch auf Abfahrten einen passenden Gang zum schnellen Vorankommen. Wer glaubt, ohne ein Dreifach-Kettenblatt auskommen zu können, sollte einmal einen kurzen Test an einer längeren Steigung mit einem Zusatzgewicht von 20 kg unternehmen. Schnell wird klar, dass schon der Gebrauch des kleinsten Kettenblatts mit 24-28 Zähnen absolut notwendig ist. Sie benötigen also zumindest ein Übersetzungsverhältnis von 1:1 oder besser noch eine Untersetzung, das heißt vorne eine geringere Zähnezahl am kleinsten Kettenblatt als hinten am größten Ritzel. Sehr hohe Übersetzungen braucht man weder mit Packtaschen noch mit Anhänger, denn bergab rollt es sich aufgrund des hohen Gewichts ohnehin sehr gut.

Bremsen

Bewährt haben sich einfach zu wartende V-Brakes. Kraftvolles Bremsen auch bei voller Zuladung oder mit Anhänger ist hiermit ohne Probleme möglich. Hydraulische Bremsen arbeiten ebenfalls sehr zuverlässig und weisen noch bessere Bremskräfte auf. Deshalb sind sie insbesondere schwergewichtigen Fahrern mit Anhänger zu empfehlen. Leider lassen sie sich aber nicht in jedem Radgeschäft ohne weiteres reparieren. Gleiches trifft auf hydraulische Scheibenbremsen zu. Insbesondere bei Fahrten in Süd- und Osteuropa ist die Ersatzteilbeschaffung in der Regel nicht kurzfristig möglich.

Lenker, Sattel, Räder & Co.

Achten Sie auf hervorragende Qualität bei den **Laufrädern**. Speichenbrüche unterwegs sind lästig und führen zu Zwangsstopps. Aluminium-Hohlkammerfelgen, am

Gelsättel bieten Komfort und sind nach Regen schnell wieder trocken.

besten im V-Profil, und Nirosta Speichen von mindestens 2 mm Dicke (besser 2,3 mm) sorgen für ausreichende Dauerbelastbarkeit. Die Reifen sollten mindestens 37 Millimeter breit sein und einen zusätzlichen Pannenschutz aufweisen. Bei extremen Lasten und häufigen „offroad" Passagen haben sich 45 mm breite Reifen bewährt. Relativ hoher Reifendruck im oberen auf der Reifenflanke angegebenen Bereich verhindert bei hoher Last Durchschläge.

Wichtig ist die richtige Bereifung – bewährt hat sich z. B. der Schwalbe Marathon.

Ein ergonomischer **Lenker** bietet mehrere Griffmöglichkeiten und lässt sich über einen verstellbaren Vorbau nach Wunsch justieren. Die Möglichkeit, die Griffposition zu wechseln, trägt zur Vermeidung von Verspannungen im Oberkörper bei. Auch der **Sattel** muss sorgsam ausgewählt werden, verbringen Sie auf ihm doch unzählige Stunden. Gelsättel haben sich bewährt, wenngleich sich die klassischen Ledersättel bei Reiseradlern noch großer Beliebtheit erfreuen. Diese Klassiker müssen allerdings erst eingefahren werden. Doch auch beim besten Sattel können sich vor allen zu Beginn Sitzbeschwerden einstellen.

Damit Ihr Rad nicht umkippt, brauchen Sie einen stabilen **Ständer**. Manche Reiseräder haben sogar zwei Ständer für Vorder- und Hinterrad oder einen sogenannten Zweibeinständer.

Möchten Sie mehr über einzelne Teile am Rad erfahren, so gibt es hierzu ausreichend Literatur (siehe Literaturhinweise). Der Zeitschriftenmarkt hält Sie mit verschiedenen Titeln, beispielsweise „aktiv Radfahren" und „Radtouren", auf dem Laufenden.

Reiseradkonzepte

Reiseradler ist nicht gleich Reiseradler, und weil es verschiedene Zielgruppen gibt, haben sich inzwischen auch unterschiedliche Reiseradkonzepte entwickelt. Die folgende Übersicht stellt die Eigenschaften von fünf verschiedenen Konzepten dar. Bei den Tageskilometern und den Gepäckgewichten handelt es sich lediglich um Empfehlungen. Selbstverständlich kann auch ein stabiles Cityrad mit mehr Gepäck beladen werden, und ein Rennrad lässt sich auch auf kürzeren Etappen einsetzen.

Typ	Tageskilometer	Gepäck	Gepäck in kg	Einsatzzweck
Cityrad	20 – 60 km	Packtaschen hinten	< 20 kg	3 Tagestouren
Trekkingrad	40 – 80 km	Packtaschen hinten, Lenkertasche	< 30 kg	3 – 5 Tagestouren
Mountainbike	40 – 80 km	Packtaschen hinten, Lenkertasche	< 30 kg	”Offroad” Touren bis 7 Tage
Reiserad	40 – 140 km	Packtaschen hinten und vorne	20 – 50 kg	Weltreise, lange Radurlaube
Rennrad mit Anhänger	100 – 160 km	Anhänger	20 – 40 kg	”Kilometerfresser”, sehr sportliche Radurlaube

Positionseinstellung

Die Einstellung der optimalen Position Ihres Rades ist von großer Wichtigkeit, wenn Sie effektiv, ökonomisch und beschwerdefrei radeln möchten. In einer halben Stunde ist Ihr Rad perfekt eingestellt, und die Voraussetzung für lange, problemlose Fahrten ist geschaffen.

Bei der Auswahl der richtigen Rahmengröße sollten Sie sich vor einem Fachhändler beraten lassen, da diese von Fabrikat zu Fabrikat unterschiedlich ausfallen kann.

Sattelhöhe

Die Regulierung der Sattelhöhe steht am Anfang jeder Radeinstellung. Sie erfolgt ausschließlich mit Hilfe der Sattelstütze.

Um die Sattelhöhe optimal zu bestimmen, empfiehlt sich folgende einfache Methode: Auf dem Rad sitzend stützt man sich seitlich an einer Wand ab. Die Fersen werden auf die Pedale gestellt, und man tritt rückwärts. Dabei sollten sich die Knie völlig strecken, ohne dass man auf dem Sattel hin- und herrutschen muss, um das Pedal zu berühren. Diese Vorgehensweise erlaubt auch eine grobe Einstellung bei Klickpedalen, allerdings muss die so gefundene Position später gegebenenfalls nach Gefühl verändert werden.

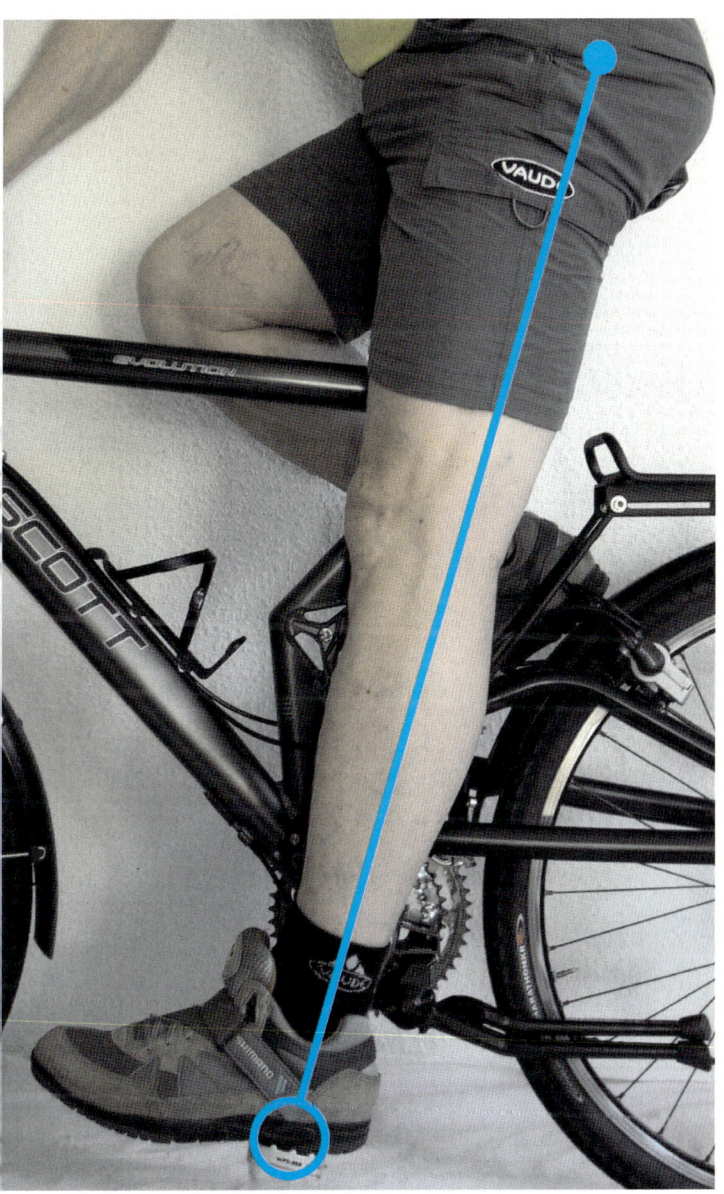

Einstellung der Sattelhöhe

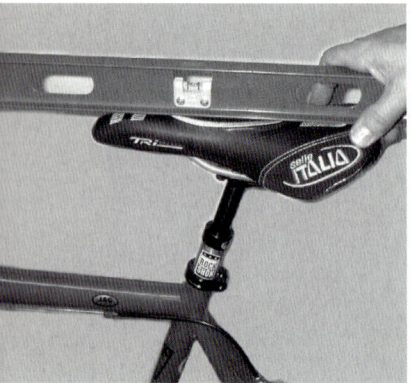

Einstellung der Sattelneigung

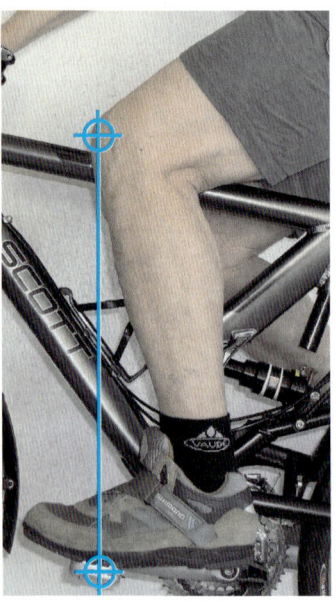

Der Sattel kann je nach Modell 4-6 cm vor- und zurückgeschoben werden.

Sattelneigung

Neben der Sattelhöhe muss auch die Sattelneigung abgestimmt werden. Der Sattel wird genau waagerecht eingestellt, da so die beste Druckverteilung gewährleistet ist. Dadurch kann ein Wundsitzen und das Auftreten von Druckstellen verhindert werden. Zeigt die Sattelspitze nach unten, wird der Druck auf die Arme zu hoch, außerdem rutscht man ständig nach vorne. Bei nach oben zeigender Spitze ist zwar die Gefahr des »Nach-vorne-Rutschens« gebannt, dafür aber werden die Harnröhre und Prostata beim Mann oder bei der Frau der Schambereich einem erhöhten Druck ausgesetzt, was unangenehme Schmerzen verursachen kann. Obendrein kippt das Becken durch eine solche Sattelstellung nach hinten, die Lendenwirbelsäule wird stärker beansprucht und unter Umständen kommt es zu Schmerzen. Besteht eine solche Fehlhaltung über Jahre hinweg, drohen schlimmstenfalls sogar Veränderungen der Wirbelkörper.

Sattelstellung

Mit Sattelstellung ist die Position des Sattels auf der Stütze gemeint, der Sattel lässt sich auf seinem Gestell um mehrere Zentimeter nach vorne und hinten verschieben. Auch durch diese Einstellung wird die Kraftübertragung optimiert. Zur Feineinstellung fällt man bei waagerechter Kurbelposition ein Lot vor der „Kniescheibenrückseite" (seitlich neben der Kniescheibe, etwa 1 cm Abstand hinter der Vorderseite) durch die Pedalachse. Wird die Pedalachse nicht getroffen, muss der Sattel so verschoben werden, dass das Lot zumindest in unmittelbare Nähe der Achse gelangt. Radler mit extrem langen oder kurzen Oberschenkeln weichen gezwungenermaßen von dieser Position ab.

Zur Justierung der Sattelstellung ist der Sattel bereits parallel zum Boden ausgerichtet, der Radler sitzt so darauf, dass das Gesäß mit dem Sattelende abschließt. Auch die gegebenenfalls vorhandenen Pedalplättchen müssen hierzu bereits eingestellt sein.

Lenkerhöhe

Die Lenkerhöhe bei City-, Trekking- und Reiserädern wird so gewählt, dass der Unterschied zwischen Satteloberkante und Lenkeroberkante maximal sechs Zentimeter beträgt. Diese rückenfreundliche Sitzposition erlaubt ein entspanntes, wenngleich nicht sehr aerodynamisches Fahren. Besser noch sind Sattel und Lenker auf die gleiche Höhe eingestellt.

Nicht selten werden insbesondere bei Rennrädern Unterschiede von über zehn oder zwölf Zentimeter beobachtet, um die der Sattel höher ist. Diese großen Abstände belasten die Wirbelsäule und können zu starken Rückenschmerzen führen. Bei sehr langen Armen ist eine größere Differenz jedoch häufig konstruktionsbedingt unausweichlich.

Sitzlänge

Die Sitzlänge meint den Abstand von der Sattelspitze bis zur Lenkerholmmitte. Sie wird bestimmt durch die Oberrohrlänge des Rahmens, die Vorbaulänge und die Sattelstellung. Die Sattelstellung sollte nach Möglichkeit nicht zur Regulierung der Sitzlänge herangezogen werden, da diese ja bereits zuvor individuell auf die entsprechende Oberschenkellänge eingestellt wurde. Es bleibt somit nur die Vorbaulänge zur Justierung der Sitzlänge.

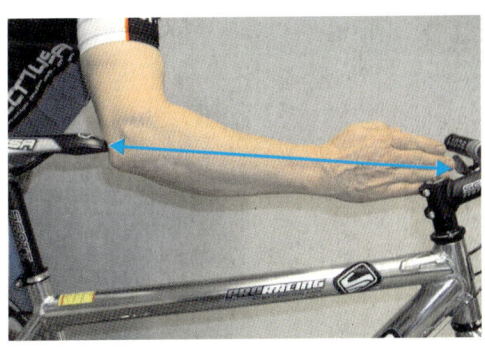

Einstellung der Sitzlänge

Bei der Einstellung der Sitzlänge spielt das Gefühl eine maßgebliche Rolle, denn schließlich soll man sich auf dem Rad stundenlang wohl fühlen.

Die Position darf deshalb nicht zu gestreckt und flach sein. Der Lenker- und Hörnchengriff muss problemlos auch über längere Strecken gehalten werden können, ohne dass sich der Rücken zu Wort meldet. Gegebenenfalls hilft hier nur die Anschaffung eines kürzeren bzw. sogar winkelverstellbaren Vorbaus.

Ist das Rad komplett eingestellt, erscheint Ihnen Ihre Sitzposition vielleicht zunächst unbequem. Das wird sich jedoch im Laufe der ersten 1.000 km verlieren, denn der Körper gewöhnt sich sehr schnell an die für ihn neue Haltung.

Gepäck

Grundsätzlich kann man sein Gepäck in zwei oder vier Packtaschen oder einem Anhänger verstauen. Auf die genaue Auswahl der einzelnen Gepäckstücke wird noch eingegangen. Hier geht es vor allem um die Unterschiede zwischen Taschen und Hänger und ihre jeweiligen Qualitätskriterien.

Packtaschen

Das klassische Reiserad hat zwei Gepäcktaschen am hinteren Gepäckträger sowie zwei Taschen an den Lowridern am Vorderrad. Letztere beeinflussen das Fahrverhalten des Reiserads positiv, bilden sie doch ein Gegengewicht zu den deutlich schwereren Taschen hinten. Die Lenkung reagiert zwar etwas träger, der Geradeauslauf verbessert sich jedoch.

Lowrider-Taschen nehmen zwischen 15 und 30 l pro Paar auf, Taschen für den Gepäckträger etwa 30 – 45 l pro Paar. Mit einem zusätzlich auf dem Träger liegenden Radkoffer lässt sich das Volumen gar auf über 60 l steigern. Für einen Radurlaub mit Übernachtungen in Hotels oder Pensionen reichen Packtaschen für hinten in der Regel aus. Wollen Sie eine Campingausrüstung mitnehmen, brauchen Sie zusätzlich Lowrider-Taschen für das Vorderrad.

Achten Sie unbedingt auf den Befestigungsmechanismus der Taschen. Eine Fixierung an drei Punkten sowie die Möglichkeit zur schnellen Demontage durch Ziehen am Tragegriff erhöhen den Nutzwert. Die untere Befestigung muss verstellbar sein und aus festem Kunststoff bestehen, damit die Taschen ‚rappelfrei' und ohne Werkzeug montiert werden können. Testen Sie vor dem Kauf die Kompatibilität zu Ihren Gepäckträgern.

Wasser- und Staubdichtheit sind ebenfalls entscheidende Kriterien, die durch hochwertige Materialien und einen Rollverschluss am besten gewährleistet werden. Die Nähte sollten in jedem Fall verschweißt sein.

Hochwertige Packtaschen und Lowrider-Taschen.

Manche Taschen sind mit Überzügen für Regenwetter ausgestattet. Hierbei ist auf tadellosen Sitz und Wasserdichtheit zu achten.

Es empfiehlt sich, eine Tasche mit kleinen aufgesetzten Fächern zu kaufen, denn sie nehmen wichtige Utensilien auf und ersparen lange Suchaktionen. Ein flacher Taschenboden ermöglicht ein problemloses Abstellen. Beidseitig aufgebrachte Reflektoren erhöhen die Sicherheit in der Dämmerung und bei Nacht. Wichtig sind auch abgeschrägte vordere Kanten für Fersenfreiheit beim Pedalieren.

Mittlerweile haben sich Einzeltaschensysteme durchgesetzt. Dabei wird jede Tasche einzeln am Träger befestigt. Ab jeweils etwa € 80,- bekommen Sie hochwertige Taschenpaare für vorne oder hinten.

Achten Sie auch auf die maximale Belastbarkeit der Gepäckträger. Der hintere sollte 25 kg tragen können, der Lowrider etwa 10 kg je Seite.

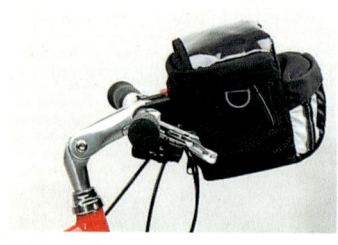

*Auf der Lenkertasche
lässt sich eine Karte gut lesen.*

Gepäckträger

Damit Sie unterwegs mit Ihrem Gepäckträger nicht „Ihr blaues Wunder" erleben, prüfen Sie vor Reisebeginn, ob er den geplanten Belastungen standhalten kann. Ein hochwertiger Träger darf sich nur wenige Millimeter bewegen, wenn man daran drückt oder zieht. Eine Befestigung mit dünnen Blechstücken am Rad ist auf keinen Fall zu empfehlen. Qualitäts-Träger sind aus CroMo-Stahlrohr oder Aluminium gefertigt. Stahlträger lassen sich auch in den entlegensten Gebieten schweißen, während man bei einem gebrochenen Aluminiumträger meistens auf den kompletten Austausch angewiesen ist. Grundsätzlich sollte man nur Markenprodukten vertrauen. Eine hohe Traglastangabe steht in aller Regel für Qualität.

Sattelstützentasche: Viele Kleinigkeiten finden hier Platz.

Nur die hinteren Träger werden nach einer DIN-Vorschrift getestet. Die stabilste Eingruppierung ist dabei ISO 25 kg (maximale Belastbarkeit 25 kg). Übrigens hat auch hier Qualität ihren Preis und schlägt bei guten Trägern mit bis zu € 100,- zu Buche.

Neben den großen Haupttaschen leistet eine Lenkertasche für häufig gebrauchte Gegenstände wie Fotoapparat, Proviant, Geld und Dokumente gute Dienste. Der Deckel ist mit einem Klarsichtfach ausgerüstet, in das man eine Landkarte stecken kann. Auch hier ist Wasserdichtheit ein entscheidendes Kriterium.

Eine Satteltasche nimmt Ersatzschlauch und Flickzeug sowie ein Werkzeugtool auf. Wer noch mehr Stauraum benötigt, ist mit einer Sattelstützentasche gut bedient, vorausgesetzt über einem eventuell vorhandenen Radkoffer ist noch ausreichend Platz. Diese Tasche wird mittels eines Klick-Adapters ausschließlich an der Sattelstütze befestigt und kann in mehreren Unterfächern und Seitentaschen bis zu 8 kg Inhalt aufnehmen. Ein Gurtsystem hält z. B. eine Jacke oder ein Baguette auf der Tasche fest. Bei Regen zieht man aus einem kleinen Reißverschluss an der Unterseite eine Regenhülle über die Tasche. Dieses System hat sich bei Lenker- und Packtaschen gleichermaßen bewährt.

Praktischer Helfer:
Ein Trinkrucksack

Rucksack

Manche „Sportreiseradler" wollen ihre Fahrt mit möglichst wenig Gepäck bewältigen und verzichten auf Packtaschen. Mit einem kleinen Fahrradrucksack können sie allerdings nur die Minimalausstattung an Zusatzbekleidung und Werkzeug mitnehmen. Dem normalen Reiseradler sei an dieser Stelle jedoch davon abgeraten, größere Gepäckmengen im Rucksack transportieren zu wollen, denn Rückenschmerzen und ein ständig feuchter Rücken wären die Folge. Zwei bis drei Kilogramm lassen sich jedoch ohne große Komforteinbußen auf dem Rücken transportieren. Moderne Radrucksäcke sind so ergonomisch konzipiert, dass sie beim Radeln fest auf dem Rücken sitzen und diesen nur mäßig aufheizen.

Beim Radfahren haben sich so genannte Trinkrucksäcke als sehr praktisch erwiesen. 1,5 bis 2,5 Liter fassen diese Getränkespender. In manchen Modellen kann man zusätzlich z. B. ein Werkzeug, eine Regenjacke und einen Energieriegel verstauen. Das ergonomische Gurtsystem lässt den Rucksack schon nach wenigen Kilometern vergessen.

Ein kleiner Faltrucksack ist ideal zum Verstauen der Einkäufe am Ende einer Tagesetappe, denn die Kapazität der Packtaschen ist in der Regel bereits erschöpft. Ist der Trinkrucksack leer, kann auch dieser die Einkäufe aufnehmen, sofern man nicht gerade eine Wassermelone transportieren möchte.

Superleichter Radanhänger mit Monorad.

Anhänger

Die Nützlichkeit eines Anhängers wird von vielen Reiseradlern völlig unterschätzt, kann er doch deutlich mehr Gepäck aufnehmen als Packtaschen. Auch das Problem unterschiedlicher Leistungsfähigkeit (Mann/Frau oder trainiert/untrainiert) kann mit einem Anhänger gelöst werden. Der Hänger wird vom stärkeren Fahrer gezogen, der oder die andere transportiert nur eine Lenkertasche. Außerdem beeinflusst ein Anhänger das Fahrverhalten des Rades deutlich weniger als Taschen.

Neben den herkömmlichen Anhängern mit zwei Rädern werden seit einigen Jahren von zwei Herstellern auch Anhänger mit nur einem Rad gefertigt. Der Monotrailer von Weber kann zusammengeklappt werden und wiegt nur 6 kg. 25 kg Zuladung bei 100 Litern Volumen nimmt die geräumige, absolut wasserdichte Tasche mit Rollverschluss auf. Einen solchen einrädrigen Trailer darf man auf keinen Fall zu hoch packen, da ansonsten die Fracht schwankt und das Fahrverhalten des Rades doch beeinträchtigt. Ebenso gehören schwere Gegenstände nach unten und leichte nach oben. Der Monotrailer legt sich mit dem Radler in die Kurve und vermittelt ein sicheres Fahrgefühl. Während man bei Packtaschen bestimmte Inhalte wie beispielsweise Küchenutensilien, Bekleidung usw. separat verstauen kann, liegt bei einem Anhänger alles auf der Ladefläche oder in der Transporttasche. Hier hat man jedoch erfahrungsgemäß schon nach wenigen Tagen seine individuelle Ordnung gefunden.

Zweirädrige Gepäckanhänger gibt es in großer Auswahl und für verschiedene Gepäckmengen. Neben völlig abgeschlossenen Kofferraumanhängern werden auch recht einfache Anhänger mit einer Auflagefläche für Taschen hergestellt. Hier muss man das Gepäck allerdings gut festzurren. Manche Modelle erlauben bis zu 50 kg Zuladung und stellen mit diesem Gewicht bergauf eine extreme Herausforderung dar. Ein umfunktionierter Kinderanhänger erfüllt jedoch auch exzellent die Aufgaben eines Gepäckanhängers für längere Reisen. Viele junge Familien gehen gar mit zwei Anhängern auf große Fahrt: Er zieht das Gepäck und sie das noch recht leichte Kind.

Bekleidung

Sonne, Regen, Gewitter und Sturm sind nur eine Auswahl von Witterungseinflüssen, die während einer einzigen Tagestour auftreten können. Bei längeren Touren werden unter Umständen Gebirge durchquert, und extreme Temperaturschwankungen sind möglich. Der Bekleidung kommt deshalb beim Reiseradeln eine ganz entscheidende Bedeutung zu. Ein Regenschauer bei einer Tagestour macht meistens nicht viel aus, bei einer Mehrtagesfahrt muss man jedoch unter Umständen einen ganzen Tag im Regen radeln, um z.B. ein gebuchtes Hotel zu erreichen. Wer hier nicht über funktionelle Regenbekleidung verfügt, verliert schnell die Lust. Natürlich können Sie Ihren Radurlaub auch in bequemer Freizeitbekleidung durchführen, die vielfältigen funktionellen Vorzüge von moderner Radkleidung erfahren Sie dann jedoch nicht. Viele Anbieter habe inzwischen legere Radkleidungskollektionen im Programm, die nicht so sportlich aussehen, aber die gleichen Funktionen bieten.

Zwiebelschalenprinzip

Erfahrene Radler kleiden sich nach dem Zwiebelschalenprinzip. Mehrere dünne Schichten mit verschiedenen Funktionen garantieren das optimale Körperklima und den nötigen Witterungsschutz. Zudem sind die einzelnen Schichten dank moderner Materialien sehr dünn und leicht. Sie bieten deshalb hervorragenden Tragekomfort. Wird eine Schicht nicht mehr benötigt, so zieht man sie einfach aus und verstaut sie in den Gepäcktaschen (z.B. Windweste oder Armlinge).

Funktionsunterwäsche

Nichts fühlt sich unangenehmer an als ein schweißnasses Baumwollunterhemd, das kalt auf der Haut klebt, den Radler auf einer Abfahrt frösteln lässt und danach nicht mehr trocknet. Unabhängig von den Außentemperaturen tragen erfahrene Tourenradler deshalb immer ein Funktionsunterhemd direkt auf der Haut. Da Reiseradler sich nicht zur Mittagspause umziehen möchten und auch ansonsten gerne mal eine Besichtigung während der Tour unternehmen, gehört auch für sie ein Funktionsunterhemd zu den unverzichtbaren Kleidungsstücken. Dieses aus synthetischen Fasern hergestellte Hemd nimmt im Gegensatz zu einem Baumwollunterhemd zehnmal weniger Feuchtigkeit auf. Durch seine spezielle Struktur leitet es

Ein Funktionsunterhemd (90 g) ist genauso wichtig wie das Trikot; hier sollte nicht gespart werden.

den auf der Haut befindlichen Schweiß an die nächste Bekleidungsschicht weiter. Die Haut bleibt somit deutlich trockener als bei anderen Unterhemden, was sich in einer höheren Hauttemperatur positiv bemerkbar macht. Besonders bei kühlem Wetter fühlt sich das Funktionsunterhemd dann immer warm und trocken an. Als Materialien kommen Polyamid oder Polyester in Frage. Besonders leicht und angenehm zu tragen ist beispielsweise die Funktionswäsche von Vaude. Ein kurzärmliges Unterhemd wiegt nur 90 g und trocknet innerhalb von zwei Stunden nach dem Waschen.

Für ein gutes Funktionsunterhemd muss man zwischen ¤ 25,- und 40,- anlegen. Ein Betrag, der sich in jedem Falle lohnt, denn der Fahrkomfort steigt und das Erkältungsrisiko sinkt. Wer keine Radhose anziehen möchte, kann auch eine Radunterhose ausprobieren. Aus ähnlichem Gewebe hergestellt weist sie zusätzlich noch ein Sitzpolster auf.

Trikot

Die nächste Schicht über dem Unterhemd bildet das Trikot. Die synthetischen Fasern nehmen – ähnlich dem Funktionsunterhemd – nur wenig Schweiß auf und saugen sich nicht mit Feuchtigkeit voll. Dicke Trikotstoffe, teilweise mit aufgerauter Innenseite, sind für kühlere Tage vorgesehen und dünne Materialien eignen sich für heiße Tage.

Trikots sollten eng anliegen und aus atmungsaktivem Material bestehen.

Wichtig ist auch eine gute Passform: Vor allem die Rückenpartie darf nicht zu kurz sein, um den Nieren ausreichenden Schutz zu gewähren. Ein Trikot sollte eng anliegen und nicht im Wind flattern. Aufgenähte Taschen auf dem Rücken bieten Stauraum für Regenjacke, Energieriegel, Schlüssel und Geld. Für kühlere Tage gibt es Langarmtrikots, auch mit langem Reißverschluss als Trikotjacke.

Radhose

Die Radhose unterscheidet sich von anderen Sporthosen durch ein eingenähtes Hosenleder, das zwar noch Leder genannt wird, inzwischen aber aus einem pflegeleichten Textilgewebe besteht. Das Leder verhindert das Wundscheuern der Sitzfläche, polstert sie etwas ab und schützt vor Kälte. Dies geschieht mittels des Frotteeeinsatzes im vorderen Bereich. Die Hose muss eng anliegen, darf keine Falten werfen und nicht kneifen. Hosen mit Trägern sind solchen ohne Träger immer vorzuziehen, weil Trägerhosen auch den Nierenbereich mit abdecken und ihn so vor Auskühlung schützen. Allerdings stellen Trägerhosen dann ein Problem dar, wenn ein schneller Toilettenbesuch notwendig ist. Hier

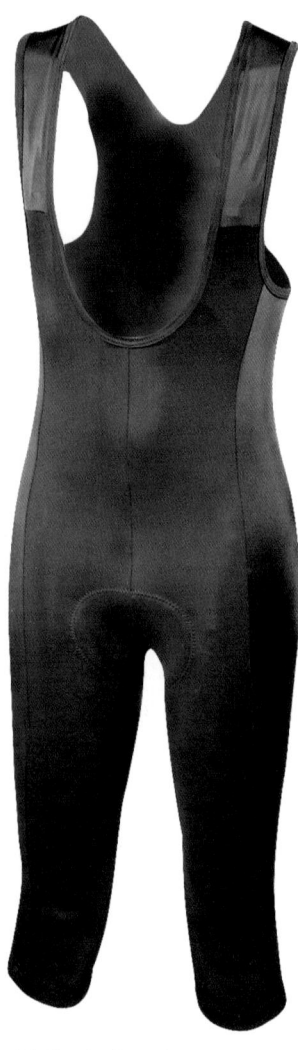

Die Hose ist das wichtigste Kleidungsstück des Radlers.

helfen abknöpfbare Träger oder aber trägerlose Hosen.

Reiseradler nutzen gerne auch sehr weit geschnittene Radhosen mit Seitentaschen, die jedoch noch eine enge Innenhose mit den oben beschriebenen Merkmalen aufweisen. Auch eine Unterhose mit Sitzpolster erfüllt ihren Zweck unter Shorts.

Eine Radhose sollte möglichst nach jeder längeren Fahrt gewaschen werden, um zu verhindern, dass Keime aus dem Sitzpolster in die Haut gelangen. Entzündungen der Sitzfläche wären die Folge. Für kühlere Jahreszeiten gibt es dreiviertellange und lange Hosen, jeweils auch mit Trägern. Bei langen Hosen kommen meistens dickere, von innen aufgeraute Stoffe zum Einsatz.

Schuhe

Mit Radschuhen macht das Radeln noch mehr Spaß, und zudem gestaltet sich die Kraftübertragung ökonomischer. Wichtig sind eine gut zum Gehen und Wandern geeignete Sohle sowie die Möglichkeit, Klickplättchen zu montieren. Manche Modelle sind dabei so ansprechend gefertigt, dass man sowohl aus optischen als auch aus funktionellen Gründen überhaupt kein anderes Paar Schuhe auf die Reise mitnehmen muss.

Das Obermaterial der Schuhe besteht aus Kunstleder (trocknet schnell), kombiniert mit verschiedenen Synthetikeinsätzen zur Belüftung des Schuhs. Nasse Schuhe trocknen am schnellsten, wenn man sie mit Zeitungspapier ausstopft und dieses nach ein paar Stunden einmalig wechselt. Was den Schuhverschluss angeht, so hat sich in letzter Zeit zunehmend der Klettverschluss gegenüber der Schnürung durchgesetzt.

Helm

Auf einen Helm – als Schutz vor schweren Verletzungen – sollte man keinesfalls verzichten. Etwa 80% aller Schädelbasisbrüche bei Radunfällen könnten vermieden werden, wenn Hartschalenhelme getragen würden. Ein Hartschalenhelm muss eng anliegen, darf jedoch nicht drücken und sollte über hinreichende Lüftungsschlitze verfügen. Die Riemen müssen genau eingestellt werden und dürfen nicht lose sitzen. Helle Helmfarben fallen im Verkehr eher auf.

Ein guter Helm wird in mehreren Größen angeboten und bietet zahlreiche Einstellmöglichkeiten sowie eine ausgeklügelte Belüftung. Das Gewicht sollte nicht viel mehr als 300 g betragen.

Die Pads im Inneren des Helmes lassen sich herausnehmen und behutsam waschen. Ebenso sollten die Riemen gelegentlich mit warmem Seifenwasser gesäubert werden. Für den Winter gibt es sehr dünne, aber dennoch warme Unterziehmützen, die integrierte Ohrenwärmer aufweisen. Nach einem Sturz auf den Kopf ist der häufig nur unsichtbar defekte Helm unbedingt auszutauschen.

Radeln nur mit Helm!

Handschuhe

Handschuhe polstern den harten Lenker ab, so dass sich auf schlechten Wegen an den Handinnenflächen keine Druckstellen bilden. Bei Regen verbessern sie den Halt der Hände am Lenker. Beim Kauf ist auf eine gute Passform zu achten, denn zu weite Handschuhe werfen Falten und verursachen so Druckstellen und Blasen. Kunstleder wird im Gegensatz zu Glattleder nicht hart und spröde.

Armlinge und Beinlinge

In den Übergangsjahreszeiten, an einem noch kalten Sommermorgen oder an einem kühlen Tag kommen Armlinge und Beinlinge zum Einsatz; das sind Ärmel oder Hosenbeine, die unter das Trikot oder die Hose gezogen werden. Es gibt sie in verschiedenen Materialausführungen. Mit Thermobeinlingen als Kälteschutz kann man noch bis tief in den Herbst hinein auskommen.

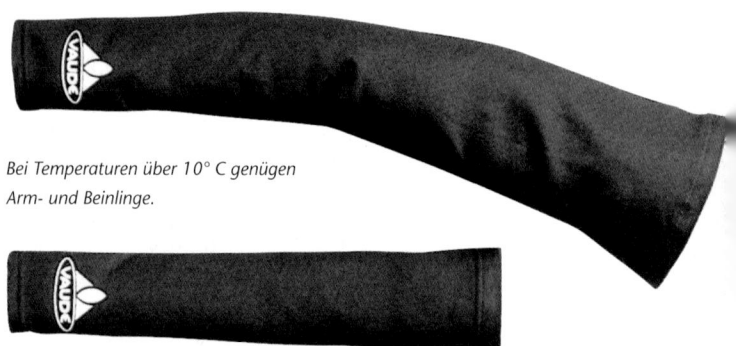

Bei Temperaturen über 10° C genügen Arm- und Beinlinge.

Regenjacke und -hose

Zur Ausrüstung des Reiseradlers gehört auf jeden Fall eine Regenjacke oder Multifunktionsjacke, denn sie kommt nicht nur bei Regenfahrten oder plötzlichen Schauern zum Einsatz, sondern wird auch bei längeren Abfahrten oder als Jackenersatz am Abend übergezogen. Die Regenjacke sollte zum Schutz vor Spritzwasser ein verlängertes Rückenteil aufweisen. Manche ‚Topmodelle' haben im Kragen eine Kapuze sowie verschiedene Reißverschlüsse zur Ventilation. Regenjacken einfacherer Qualität sind aus wasser- und winddichtem Material gefertigt, teure Jacken bieten darüber hinaus atmungsaktives Gewebe. In der Regel reicht jedoch eine einfache Jacke aus. Regenjacke und –hose leisten gerade bei schlechtem Wetter und nassen Straßen gute Dienste, denn sie halten auch den Schmutz von der darunter liegenden Bekleidung fern.

Windweste

Eine Windweste (ohne Ärmel) eignet sich für Abfahrten oder kühle Witterung, lässt sich sehr klein falten, dementsprechend gut verstauen und macht sich schnell bezahlt.

Eine Regenjacke ist im Rückenteil länger geschnitten und schützt somit das Gesäß vor Nässe, atmungsaktiveSeiteneinsätze sorgen für Luftzirkulation. Eine Hose sollte Träger aufweisen.

Die Radbrille sollte nicht nur gut aussehen, sondern vor allem funktionell sein und die Augen schützen.

Radbrillen

Das Tragen einer Brille beim Radeln hat verschiedene Vorteile: Sie hält den bei hohen Geschwindigkeiten erheblichen Fahrtwind ab, schützt vor Insekten und reduziert die schädigende UV-Strahlung. Neben getönten Gläsern für Sonnenschein werden auch farblose oder aufhellende für trübe Tage angeboten. Sinnvoll sind Brillen mit auswechselbaren Gläsern in verschiedenen Farbtönen. Auch Kontaktlinsenträger klagen mit einer optimalen Radbrille kaum noch über Beschwerden.

Die passende Bekleidung für jedes Wetter

> 30° C	(Funktionsunterhemd), Trikot (langer Reißverschluss), Radhose, (Radsocken), Helm
25-30° C	Funktionsunterhemd, Trikot (langer Reißverschluss), Radhose, Radsocken, Helm
20-25° C	Funktionsunterhemd evtl. mit Windbreaker, Trikot, Radhose, Radsocken, Helm
15-20° C	Funktionsunterhemd evtl. mit Windbreaker, Trikot mit Armlingen oder Langarmtrikot, Radhose mit Knie- oder Beinlingen, Windweste, Radsocken, Helm
10-15° C	Funktionsunterhemd mit Windbreaker, Trikot und Langarmtrikot, Radhose mit Beinlingen oder lange Hose, Windweste, Radsocken, Helm, (lange Handschuhe)
5-10° C	Funktionsunterhemd (Langarm-) mit Windbreaker, Winterjacke und Trikot, Winterhose, Strümpfe, Überschuhe, Helm, Winterhandschuhe
0-5° C	Funktionsunterhemd (Langarm-) mit Windbreaker, Winterjacke und Rollkragenpulli, darüber evtl. Windjacke, Winterhose, warme Kniestrümpfe, Überschuhe, Helm, Helmmütze mit Ohrenwärmern, Winterhandschuhe

Grundausrüstung Bekleidung

Wer hauptsächlich im Frühjahr und Sommer sowie an warmen Herbsttagen mit seinem Rad auf Reisen geht, der kommt als Basisausstattung mit folgenden Kleidungsstücken aus:

Funktionsunterhemd (€ 30,-), Trikot (€ 50,-) mit Armlingen (€ 20,-), Radhose (€ 60,-) mit Knie- (€ 20,-) oder Beinlingen (€ 30,-), Windweste (€ 40,-), Radsocken (€ 10,-), Helm (€ 60,-), Regenjacke (€ 120,-). Preisangaben für Kleidungsstücke lassen sich nur schwer machen, da die Kosten je nach Hersteller und Qualität sehr stark schwanken können. Bei den genannten Werten handelt es sich um ungefähre Preise für Produkte mittleren Qualitätsniveaus.

Zelt, Schlafsack und Isomatte

Entweder Sie steuern jeden Abend eine Pension oder ein Hotel an, oder aber Sie entscheiden sich bei Ihrer Radreise für die unabhängige, spannende und zudem sehr preiswerte Variante mit dem Zelt. Auf spezielle Eigenheiten sowie Vor- und Nachteile des Zeltens wird in Kapitel 6 noch detailliert eingegangen. An dieser Stelle geht es zunächst um die Eigenschaften eines reisetauglichen Zeltes.

Moderne Zelte von namhaften Herstellern sind aus hochwertigen Materialien gefertigt. Angefangen bei einer stabilen Bodenfolie und einem wasserdichten Außenzelt, über ein atmendes Innenzelt und Lüftungsschlitze bis hin zum einfachen und schnellen Aufbau reichen die Anforderungen an ein radreisetaugliches Zelt. Ein entscheidendes zusätzliches Kriterium ist das Gewicht. 1,5 bis 2,5 kg (maximal 3 kg) darf ein gutes Zweipersonenzelt wiegen. Sind Sie in einer Gruppe unterwegs, ist es durchaus möglich, auch ein größeres und damit schwereres Zelt für beispielsweise vier Personen zu transportieren. Hier werden die einzelnen Bestandteile auf die Mitradler aufgeteilt. Vorsicht ist bei Billigzelten von € 20,- bis 30,- geboten, denn sie sind schwer, lassen sich nur umständlich aufbauen und sind selten regendicht.

Die **Außenhülle** des Zelts muss absolut resistent gegenüber Wind und Regen sein. Rip-Stop Nylon oder Polyester erfüllen diese Kriterien. Leider gilt die Dichtheit auch für die vom Menschen im Inneren des Zelts abgegebene Feuchtigkeit. Pro Nacht und Mensch kommen etwa 0,5 bis 1 Liter zusammen. Zuzüglich der nächtlichen Bodenfeuchte kondensieren in einem Zwei-Personenzelt bis zu vier Liter Feuchtigkeit am Außenzelt und laufen an der Innenseite herunter. Nur eine Doppeldachkonstruktion schützt den Schlafenden vor dieser Nässe und verhindert die ‚nächtliche Tropfsteinhöhle'.

Das **Innenzelt** besteht in der Regel aus einem Nylongewebe, das sehr leicht ist, wenig Feuchtigkeit aufnimmt und schnell trocknet. Zwischen Außen- und Innenzelt besteht ein etwa 10 cm breiter Abstand. Ein Kontakt der beiden Hüllen ist in jedem Falle zu vermeiden, damit die Kondensfeuchtigkeit der Außenhülle nicht nach innen tropfen kann.

Der **Boden** besteht aus polyurethanbeschichtetem Nylon oder Polyester und ist meist etwas dicker als die Außenhülle. Extrem leichte Zelte haben allerdings sehr dünne und damit auch empfindliche Böden.

Aluminiumstangen sind leicht und vor allem stabil. Sie gleiten aufgrund ihrer verbindungshülsenlosen Verarbeitung und Lackierung oder Eloxierung sehr leicht durch die Gestängekanäle. Glasfiberstangen sind aus Gewichtsgründen nur als Hohlstangen zu empfehlen, bleiben den Alustangen aber dennoch unterlegen.

Auch die **Heringe** sollten aus Gewichtsgründen aus Aluminium gefertigt sein.

Für Fahrradurlaube haben sich Zelte mit ausreichendem Platz für zwei Radler im Innenzelt und zwei Räder in der so genannten Apsis bewährt. Den Unterstellplatz für die Räder muss man jedoch mit etwas Mehrgewicht bezahlen. Die Räder bei sich im Zelt zu haben, ist für viele Radler ein entscheidendes Sicherheitsgefühl. Außerdem kann das Vorzelt bei schlechtem Wetter zum Kochen etc. verwendet werden.

Das Innenzelt des **Kuppelzelts** steht sowohl mit als auch ohne Heringe und das Außenzelt wird über dem Innenzelt befestigt. Steile Wände bieten viel Volumen und dadurch Stauraum. Ein Abspannen des Kuppelzeltes ist im Gegensatz zum Tunnelzelt in der Regel nicht erforderlich.

Mindestens zwei Gestängebögen sind notwendig, um **Tunnelzelte** zu tragen. Diese Bögen werden von den im Außenzelt befindlichen Gestängekanälen aufgenommen. Das Innenzelt hängt am Außenzelt und muss nicht separat aufgebaut werden. Deshalb lassen sich Tunnelzelte etwas schneller aufstellen. Die Liegelänge ist hier in der Regel größer.

Beachten sollte man beim Zeltkauf die Nettofläche in etwa 40 cm Höhe. Die spitz zulaufenden Räume am Rand des Zeltbodens unterhalb von 40 cm lassen sich allenfalls als Stauraum verwenden, zum Schlafen eignen sie sich nicht und dürfen deshalb nicht zur Liegelänge hinzugerechnet werden.

Hochwertige Zelte zeichnen sich nicht nur durch die verwendeten Materialien aus, sondern auch durch eine gute Verarbeitung. Die Nähte sind hier als wichtigster Punkt zu nennen, denn nur langsam vernäht und exakt ausgeführt halten sie den Regen außerhalb des Zelts. Werden die Nähte schnell gefertigt (mit der erhitzten Nadel), um Arbeitskosten zu sparen, schmilzt das Zeltgewebe am Nadelloch und Feuchtigkeit kann eindringen.

Das Zelt muss sich innerhalb von zehn Minuten aufbauen lassen und ebenso schnell wieder in seinem Beutel Platz finden.

Wer häufig in der Natur abseits von Campingplätzen sein Zelt aufschlägt, sollte eine dezente Farbe wählen. Grün- oder Brauntöne lassen sich auf größere Distanzen kaum noch ausmachen und halten unliebsame Besucher fern. Wildes Zelten ist allerdings nicht überall erlaubt.

Kuppelzelt mit Innenzelt zum Schlafen und Vorraum für zwei Räder.

Für jedes Klima das richtige Zelt

Auch die klimatischen Bedingungen spielen eine Rolle bei der Auswahl des Zeltes. Wer in regenreichen Regionen wie Großbritannien oder Skandinavien unterwegs ist, sollte auf ein Zelt mit kombiniertem Aufbau von Innen- und Außenzelt achten. Eine Apsis zum Kochen und für das Gepäck ist unerlässlich. In warmen Regionen sind Moskitonetze lebenswichtig. Übrigens gilt das gleiche für viele skandinavische Gebiete, die als ‚Mückenparadiese' bekannt sind. Helle und gedeckte Farben verhindern ein Aufheizen und halten Insekten fern. Der Boden sollte im Eingangsbereich hochgezogen sein und auch bei geöffnetem Innenzelt nicht flach liegen, um kriechenden Insekten den Zutritt in das Innenzelt zu erschweren.

Bei starkem Wind haben sich Zelte mit zwei Eingängen bewährt, so dass man immer die dem Wind abgekehrte Seite öffnen kann. Ein bis auf den Boden reichendes Außenzelt und mehrere Möglichkeiten zum Abspannen schützen das Zelt und seine Insassen vor Wind.

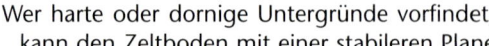

Wer harte oder dornige Untergründe vorfindet, kann den Zeltboden mit einer stabileren Plane schützen oder aber die Isomatten unter das Zelt legen. Sie isolieren und polstern die Schlafenden und schützen gleichzeitig den Zeltboden.

Preiskategorie: € 200,- bis 400,-.

Schlafsack

Entspricht der Schlafsack nicht dem Temperaturbereich, wird die Nacht schnell zur Zitterpartie. Auch im Sommer kann das Thermometer in Mittelgebirgen nachts unter 5° C fallen. Bei ungünstigen Bedingungen ist der Schlafsack sogar häufig über Tage hinweg der einzige warme Ort.

Vor dem Kauf eines in der Regel nicht ganz billigen Schlafsacks macht man sich über den Einsatzzweck und die Jahreszeit Gedanken. Kälteempfindliche Menschen entscheiden sich lieber für einen wärmeren Schlafsack.

Für die meisten Reiseradler reicht ein so genannter Dreijahreszeiten-Schlafsack völlig aus, ermöglicht er doch in mitteleuropäischen Gefilden ein ‚frierfreies' Übernachten vom späten Frühjahr bis in den frühen Herbst hinein.

Ein guter Schlafsack hält warm und wiegt wenig.

Formen

Man unterscheidet Mumienschlafsäcke von Decken- und eiförmigen Schlafsäcken. Der Mumienschlafsack ist eher eng und passt sich der Körperform an. Ein Deckenschlafsack kann bei warmen Temperaturen mittels eines umlaufenden Reißverschlusses als Decke verwendet werden. Sehr viel Bewegungsfreiheit bietet ein eiförmiger Schlafsack, der in der Mitte breiter ist. Die Knie können angezogen werden und ein Umdrehen ist möglich. Allerdings ist ein solcher Schlafsack nicht für sehr tiefe Temperaturen geeignet. Für Temperaturen unter 5° C empfehlen sich Kapuzenschlafsäcke mit zusätzlichem Wärmekragen. Ein solcher Kragen verhindert das Entweichen von Wärme im Brust-/Halsbereich, indem er mit einem Kordelzug zugezogen wird.

Kleine Personen sollten auch einen kleinen Schlafsack verwenden, da der leere Fußraum ansonsten nicht erwärmt werden kann und die Temperatur nicht die erforderliche Wohlfühlmarke erreicht. Schließlich erzeugt nicht der Schlafsack die Wärme, sondern der Mensch – der Schlafsack isoliert sie lediglich.

Daune oder Kunstfaser?

In Bezug auf Gewicht, Schlafklima und Packvolumen ist ein Daunenschlafsack unschlagbar – leider auch im Preis. Extrem leichte Daunenschlafsäcke wiegen unter 500 g und können für Temperaturen bis 5° C verwendet werden. Nachteilig ist ihre Feuchtigkeits- und Nässeempfindlichkeit.

Doch auch Kunstfasern haben Vorteile. Sie nehmen weniger Feuchtigkeit auf und trocknen dadurch wesentlich schneller. Eine Maschinenwäsche ist möglich. Für Radler ist das Gewicht des Schlafsacks ein sehr entscheidendes Kriterium, reicht doch die Spanne von 2,5 kg bis 0,5 kg. Hier muss der Käufer sehr wohl abwägen, wie viel Gewicht er transportieren möchte und wie viel Isolierung er wünscht. Für Puristen gibt es auch Schlafsäcke mit wasserdichter Außenhülle, die quasi das Zelt ersetzen und ein Schlafen unter freiem Himmel ermöglichen.

Pflege

Schlafsäcke werden nicht komprimiert aufbewahrt, sondern in einem Kunststoffsack locker gepackt an einem trockenen Ort verwahrt. Ausgiebiges Lüften des Schlafsackes erweist sich als fast ebenso wirkungsvoll wie Waschen und schont die Füllung.
Preiskategorie: € 70,- bis 200,-.

Isomatten – Matratzen für unterwegs

Isomatten sorgen nicht nur für Schlafkomfort, sondern erfüllen eine noch wichtigere Aufgabe: Sie schützen den Körper vor einem erheblichen Wärmeverlust.

Der Reiseradler hat drei Möglichkeiten, sich zu betten. Spezielle aufblasbare Luftmatratzen sind zwar bequem, isolieren aber nur wenig und müssen jede Nacht aufs Neue mit Luft gefüllt werden. Einfache Isoliermatten aus Polyethylen sind sehr leicht,

Bei Reiseradlern sehr beliebt sind selbstaufblasende Isomatten.

preiswert, aber nicht sehr langlebig, da sie sich „platt liegen". Hinzu kommt ein großes Packmaß. Deshalb entscheiden sich viele Radfahrer für selbstaufblasende Isomatten. Ein offenzelliger Schaumkern zieht beim Öffnen des Ventils Luft und erweckt den Anschein des „Selbst-Aufblasens". In der Regel muss man die Matte jedoch noch zusätzlich mit dem Mund aufblasen, um sie etwas stärker zu füllen. Solche Thermoluftmatratzen sind wasser- und luftdicht und in verschiedenen Stärken und Größen erhältlich. Wer eine leichte Matte haben möchte (< 1 kg), muss auf Komfort verzichten und tiefer in die Tasche greifen.

Mit Stoff bezogene Matten sind angenehmer und wärmer, verschmutzen jedoch schneller und lassen sich nicht abwischen. Auch Isomatten können Dornen und anderen spitzen Gegenständen zum Opfer fallen. Preiskategorie: € 30,- bis 70,-.

Kocher und Geschirr

Auch das Kochen ist ein äußerst wichtiges Thema für den reisenden Radfahrer, zumindest für denjenigen, der nicht im Hotel untergebracht ist und sich selbst versorgt. Mit modernen Kochern und vernünftigen Töpfen kann man sich fast ebenso gut verpflegen wie zu Hause.

Auf dem Markt sind eine Reihe von unterschiedlichen Kochern erhältlich. Die folgende Übersicht zeigt Vor- und Nachteile.

Vor- und Nachteile verschiedener Kochersysteme

Kocher	Brennwert	Verfügbarkeit Brennstoff	Handhabung	Gewicht	Preis
Gas	+ (in großer Höhe schlecht)	+	+	+	ca. € 20 - 80
Spiritus	-/+	+	+	+	ca. € 15 - 50
Petroleum	++	-/+	-/+	-/+	ca. € 30 - 50
Benzin	++	++	-/+	-/+	ca. € 40 - 80
Trockenstoff	-	-/+	-/+	++	ca. € 10

Der Benzinkocher hat sicherlich insgesamt gesehen den entscheidenden Vorteil, nahezu überall auf der Welt mit Brennstoff befüllt werden zu können (Tankstelle). Ein hoher Brennwert und der sehr günstige Preis des Brennstoffs sprechen für sich. Lediglich das notwendige Vorheizen ist etwas aufwändiger als bei anderen Kochern. Wer hier Gewicht sparen möchte, greift zu einem leichten Gaskocher mit kleiner Kartusche. Gaskartuschen sind zumindest im europäischen Ausland nahezu überall erhältlich. Propan hat einen besseren Brennwert als Butan und ist insbesondere für das Kochen in größerer Höhe vorzuziehen.

Als **Kochgeschirr** bieten sich ineinander stapelbare Töpfe mit Griff an. Edelstahl ist gegenüber Aluminium besser zu reinigen. Aluminium wird schnell stumpf und unansehnlich. Hochwertige Stahltöpfe sind jedoch genauso leicht wie Alutöpfe. Benötigt werden für ein bis drei Personen ein bis zwei Töpfe und eine Pfanne. Bei größeren Gruppen kocht man jeweils für drei bis vier Personen nacheinander oder nimmt die doppelte Kochausrüstung mit. Hier lohnt es sich übrigens, verschiedene

*Benzinkocher
im Einsatz*

Topfsets auf die Waage zu legen, denn nicht immer stimmen die von den Herstellern angegebenen Gewichte mit der Realität überein.

*Edelstahltöpfe sind
leicht und haltbar.*

Kunststoff- oder Stahlteller mit möglichst geringem Gewicht und hohem Rand (auch für Suppen geeignet) sowie Plastikbecher dienen als Geschirr. Pro Person werden nur ein Teller und eine Tasse benötigt. Zusammensteckbare Bestecksets aus Edelstahl sind zwar schwerer als Plastikbestecke, lassen aber ein ,Essfeeling' wie zu Hause aufkommen.

Neben den bereits beschriebenen Ausrüstungsgegenständen gibt es noch eine Reihe nützlichen Zubehörs für den Fahrradurlaub.

Beim Zelten unabdingbar: eine LED-Kopflampe.

Um abends nicht im Dunkeln sitzen zu müssen, empfiehlt sich die Anschaffung einer kleinen LED-**Kopflampe**. Sie erzeugt sehr helles Licht und leuchtet mit wenigen Mikrobatterien etwa 80 Stunden lang. Lampen mit herkömmlichen Glühbirnen sind zwar preisgünstiger, haben aber einen sehr viel höheren Batterieverbrauch. Einmal im Zelt, hängt man die Lampe einfach an der „Decke" auf und hat im ganzen Zelt Licht.

Unterwegs können immer wieder unvorhergesehene technische Probleme auftauchen, die den Einsatz von Werkzeug notwendig machen. Hier hat sich z. B. das **Multiwerkzeug** McGuyver von Topeak bewährt. Mit 33 Funktionen kann man sowohl Reparaturen am Rad als auch am Zelt und der übrigen Ausrüstung bewerkstelligen. Auch wenn das Tool nicht das Leichteste ist, gehört es zur Reiseausstattung dazu.

Helfer bei vielen Reparaturen: ein Multiwerkzeug.

Eine **Minipumpe**, Flickzeug und ein Ersatzschlauch sind ebenfalls nötig, um das Rad bei einem Plattfuß wieder flott zu bekommen.

Ebenso zählt ein kleines **Erste Hilfe Set** zur Grundausstattung, denn wenn etwas passiert, kann es unter Umständen länger dauern, bis medizinische Hilfe vor Ort ist. Um diese anfordern zu können, sollte man ein **Mobiltelefon** mit sich führen.

Obwohl ein Schloss mit seinem Gewicht von einigen hundert Gramm oder gar einem Kilogramm zusätzlichen Ballast darstellt, sollten Alleinradler darauf nicht verzichten. Paare oder Gruppenradler können in der Regel ohne auskommen.

Eine Minipumpe mit Standfuß erleichtert das Pumpen.

Vor der ersten Tour

Vor Ihrer ersten Tour ist es unerlässlich, Ihre Reise gründlich zu planen. Zum Beispiel sollten Sie sich Gedanken über Ihren körperlichen Trainings- und Gesundheitszustand machen. Aber es steht auch die grundsätzliche Frage an, ob Sie eine geführte Radreise unternehmen oder sofort auf eigene Faust losradeln. Die folgende Übersicht fasst die verschiedenen Formen des Radreisens zusammen und beschreibt Vor- und Nachteile.

Radreise-Alternativen mit Vor- und Nachteilen

	Zeltreise	Hotel-/Pensionsreise	Organisierte und geführte Reise
Organisationsaufwand	hoch	mäßig	gering
Kosten	gering	hoch	sehr hoch
Flexibilität	hoch	gering (wenn vorgebucht)	sehr gering
Gepäck	sehr viel	viel	bei Gepäcktransport gleichgültig
Vorteile	absolute Freiheit, Verweilen an schönen Orten	immer ein trockenes Bett und Dusche, Komfort	Rundum-Sorglos-Paket, ideal zum Ausprobieren, Gruppenerlebnis
Nachteile	hohe Anschaffungskosten für Material (Zelt, Taschen, Schlafsäcke etc.), Wetter	wenn nich vorgebucht, müssen Unterkünfte gesucht werden	unflexibles Etappenschema

Als absoluter „Beginner" ist eine geführte Radreise sicherlich die einfachste und angenehmste Variante, in das Radreisen hineinzuschnuppern. Bei einer solchen Reise sind nur wenige Dinge zu beachten. Die Reiseleitung hilft bei Defekten, kennt den Weg und organisiert alles bezüglich der Übernachtungen. Noch einfacher geht es nicht, nur Radfahren müssen Sie selber.

Bei einer Hotel- oder Pensionsreise müssen Sie sich um die Reservierung der Betten kümmern. Entweder Sie buchen alle Übernachtungen bereits im Vorfeld oder aber Sie suchen sich jeweils vor Ort ein Bett. Nur in Ferienzeiten und Touristenhochburgen gibt es gelegentlich Probleme, Zimmer zu einem adäquaten Preis zu bekommen, so dass sich dann und wann die Notwendigkeit ergibt, auf teurere Zimmer auszuweichen.

Haben Sie bereits Zelterfahrung, z.B. vom Wandern, dann können Sie sich durchaus auch an eine kürzere Zeltreise wagen. Eine solche Tour ist sehr preisgünstig und unabhängig. Zeltet man in der freien Natur, zahlt man nur die Verpflegung. Auch bei Übernachtungen auf Zeltplätzen sind die Kosten sehr überschaubar, man ist jedoch rund um die Uhr der Witterung ausgesetzt.

Ein Trainingsplan hilft beim Aufbautraining

Training

Planen Sie eine Tour mit Tagesabschnitten über 60 km, müssen Sie diese mit gezieltem Training vorbereiten, denn ansonsten könnte der Spaß am Fahren durch körperliche Beschwerden oder auch extreme Erschöpfung getrübt werden. Kürzere Tagesetappen verkraften mäßig Geübte auch ohne besondere Vorbereitung. Am besten Sie beginnen acht Wochen vor der geplanten Tour mit dem Aufbautraining und schreiben sich einen kleinen Trainingsplan. Versuchen Sie mindestens einmal pro Woche, die angestrebte Tagesetappenlänge zu fahren. Darüber hinaus empfiehlt es sich, anfangs zwei-, später dreimal mit dem Rad

zu trainieren. So kommen Sie auf drei respektive vier Fahrten pro Woche. Um einen effektiven Trainingsreiz zu setzen, sollten die Einheiten grundsätzlich nicht unter einer Stunde dauern. Fahren Sie ruhig auch mal ein wenig schnell. Viele Reiseradler versuchen in dieser Zeit, das Rad in den Alltag einzubinden und legen viele Strecken mit dem Rad statt mit dem Auto zurück. Auch Fahrten zur Arbeit oder weiter entfernt liegende Besorgungen lassen sich problemlos mit dem Rad erledigen. Bereiten Sie sich auf diese Weise körperlich vor, wird Ihnen die geplante Reise keine Probleme, dafür aber viel Spaß machen. Mehr über das Training mit dem Rad erfahren Sie zum Beispiel im „Handbuch für Radsport" von Achim Schmidt.

Testreise
Steht Ihre erste Radreise an, empfiehlt es sich unbedingt, eine kurze Testreise durchzuführen. So gewöhnen Sie sich an die Abläufe und können vor allem testen, ob das Material den Anforderungen entspricht

... hier geht's lang ...

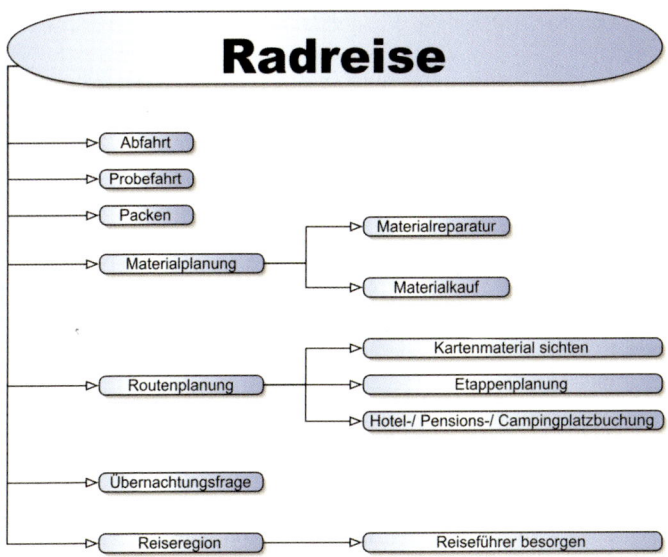

Schematisierte Planung einer Radreise

oder ob bestimmte Dinge vergessen wurden. Das gilt vor allem dann, wenn Sie mit dem Zelt unterwegs sind. Mit einem Veranstalter von Hotel zu Hotel zu radeln, bedarf keiner großen Planung Ihrerseits, und Sie legen bei Ankunft einfach los.

Checkliste

Mit einem einfachen Schaubild wird die Planung einer Reise verdeutlicht. Jeder einzelne Schritt muss durchlaufen und abgearbeitet werden. Halten Sie sich an das Schema, steht einer perfekten Organisation und Durchführung der Reise nichts im Wege. Natürlich ist der Organisationsaufwand bei einer gebuchten Radreise deutlich kleiner und viele der Schritte erübrigen sich.

Ins Blaue hinein
Jetzt haben Sie vielleicht den Eindruck, eine Radreise müsste in jedem Fall von Anfang bis Ende durchorganisiert sein. Das muss sie natürlich nicht, aber viele Neulinge tun sich mit der straffen Durchplanung der Reise erheblich leichter als mit einer Tour ins Blaue. Es gibt allerdings

auch Zwischenlösungen: Man legt dabei lediglich den Anfangs- und Endpunkt der Reise fest und fährt täglich so weit man kommt beziehungsweise so weit man möchte. Übernachtungsmöglichkeiten werden vor Ort ausfindig gemacht, ganz gleich, ob im Hotel, einer Pension, auf dem Zeltplatz oder in der Natur. Diese Art des Reisens ist sehr ungezwungen und das Erreichen des Ziels ist dabei von vielen Faktoren abhängig. Schafft man es nicht bis zum gewählten Ziel, ist das bei dieser Art des Radelns auch nicht tragisch. Was zählt, sind die Erlebnisse und das Motto könnte lauten „Der Weg ist das Ziel".

Vorbuchen

Sind Sie mit einer größeren Gruppe oder mit Kindern unterwegs, empfiehlt sich die Buchung im Voraus. Auch beim Besuch touristischer Regionen oder Städte in der Hauptferienzeit kommt man ohne eine rechtzeitige Reservierung schwer aus. Nur so hat man die Sicherheit, auch ein Bett zu finden.

Wohin soll es denn gehen?

Diese Frage ist sicherlich nicht leicht zu beantworten, aber mit einigen Hinweisen kann die Entscheidung erleichtert werden. Für Anfänger bieten sich vor allem flache Regionen oder Radtouren entlang von Flüssen für die erste Reise an. Hier haben Sie kaum mit Steigungen zu kämpfen und können sich voll auf das Genießen der Landschaft konzentrieren. Warum bleiben Sie nicht in Deutschland und erkunden z.B. eine benachbarte Region? Am einfachsten ist es, von zu Hause zu starten und wieder nach Hause auf dem Rad zurückzukehren. Anreisen in bestimmte Regionen sind etwas aufwändiger und der Fahrradtransport muss organisiert werden (Auto, Bahn, Flugzeug). Deshalb empfiehlt sich zum Üben eine der zahlreichen beschriebenen Radtouren (z.B. Kaiserroute von Aachen nach Paderborn), bei der man auch bereits bekannte Regionen aus einer völlig anderen Perspektive wahrnimmt.

Informationen zu seinem gewählten Reiseziel und vor allem über den Weg dorthin erhält man in öffentlichen Büchereien. Insbesondere das

Ausblick auf die »Inselstadt« Plön

Internet hält unzählige Hinweise zu Städten und Regionen bereit. Mit einer Suchmaschine findet man die Homepages von bekannten Orten sehr schnell und kann sich so bereits im Vorfeld ausführlich über Sehenswürdigkeiten informieren.

Packliste

Eine Packliste ist für die Planung des Urlaubs unerlässlich, muss doch auf jedes Detail geachtet werden. Allzu schnell hat man wichtige Utensilien vergessen und muss sich diese häufig umständlich unterwegs organisieren. Überlegen Sie bei jedem Teil, das Sie mitnehmen möchten, ob Sie es auch wirklich tragen oder nutzen werden. Grundsätzlich sollte man nur das Nötigste einpacken und alle auch nur ansatzweise überflüssigen Gegenstände und Kleidungsstücke aussortieren. Je leichter das Gepäck ist, desto angenehmer ist das Radeln auf weiten Strecken, insbesondere bergauf. Deshalb sollten Sie zu Hause ruhig einmal vergleichbare Teile wie zum Beispiel zwei verschiedene Isomatten oder zwei unterschiedliche Büchsenöffner auf die Küchenwaage legen und sich dann für das leichtere Produkt entscheiden. Auf diese Weise kann man schnell ein oder zwei Kilogramm an Gewicht einsparen. Auch Bekleidung ist häufig unterschiedlich schwer, bei Jeans beispielsweise gibt es Differenzen von über 300 g. Das mag Ihnen alles ein wenig übertrieben vorkommen, aber letztlich zählt jedes Gramm, und der Aufwand zur Ermittlung einer leichten Ausrüstung ist nicht gerade hoch.

Die beiden hier vorgestellten Packlisten beziehen sich auf eine Reise mit dem Zelt durch Europa sowie eine geführte Reise mit Gepäck und Übernachtung in Hotels oder Pensionen. Bei organisierten Radreisen mit Hotelübernachtung und Gepäcktransport brauchen Sie sich dagegen nur wenig Gedanken über das Gewicht Ihres Gepäcks machen.

Die Packlisten berücksichtigen alle wichtigen Gegenstände. Dennoch können für Sie individuell wichtige Dinge fehlen. Erstellen Sie deshalb Ihre eigene Liste auf der Grundlage der hier vorgestellten Packlisten.

Packliste Pensionsreise

Bei einer Reise von Pension zu Pension kann auf sämtliche Zeltutensilien verzichten werden, es sei denn, man möchte sich ab und zu selber etwas kochen. Da in der Regel etwas mehr Platz in den Taschen oder dem Anhänger ist, besteht nun die Möglichkeit, mehr Unterwäsche und Socken sowie gegebenenfalls einen Pullover etc. mitzunehmen.

	Artikel
Fahrrad	Reisetaugliches Rad, 2 Trinkflaschen (0,75l) Ersatzmantel, Multitool, 4 Ersatzspeichen, 2 Schläuche, 1 Ministandpumpe, Flickzeug, Öl, leichtes Schloss, Brems-Schaltzug, Satz Kabelbinder, Packriemen
Körperpflege	Shampoo, Rasierschaum (Miniflasche), Rasierer, Zahnpasta (Minitube), Zahnbürste, Monatshygiene, Wund- und Heilsalbe, Sonnenmilch, Waschmittel (Tube), Toilettenpapier, Handtuch (Microfaser)
Radbekleidung	2 Radhosen, 2 Radtrikots, 2 Funktionshemden, Beinlinge, Armlinge, Weste, Regenjacke, Regenhose, Helm
Bekleidung	4 Unterhosen/BH, Hemd, Fleecejacke, Trekkinghose, Mütze, Brille mit Wechselgläsern, 4 Paar Socken, Badehose/Bikini, Handschuhe, Schuhe
Orientierung/Papiere	Kartenkopien/Karte, Ausweis, Impfpass, Brustbeutel, Kopien der Papiere, Notizbuch, Stift, Handy und Netzteil, ggf. Kompass
Sonstiges	Erste-Hilfe-Päckchen, Kamera, Filme, Literatur

Packliste Pensionsreise

Packliste Zeltreise

Die nachfolgende Aufstellung gilt für eine Person. Beim Reisen zu zweit oder in der Gruppe brauchen viele Gegenstände nur ein einziges Mal mitgenommen zu werden, was das Gepäckgewicht pro Person deutlich reduziert, aber nicht dazu verleiten sollte, einfach mehr einzupacken. Damit das Gepäck nicht so umfangreich ausfällt, sollte unterwegs gewaschen werden. Deshalb wird unter anderem auch nur sehr wenig

Unterwäsche mitgenommen.

Die Packtaschen und Lenkertasche oder ein Anhänger sind hier nicht aufgeführt.

Erläuterungen: Das Multitool weist über 30 verschiedene Werkzeuge auf (unter anderem Zange, Messer, Säge, Lupe, Kettennietendrücker). Unter einer Solardusche versteht man einen Wassersack, der in der Sonne liegend durch seine schwarze Farbe darin befindliches Wasser erwärmt und an einem Baum hängend mit einem Schlauch inklusive Duschkopf als Dusche verwendet wird.

Ein Tag unterwegs!
Damit Sie sich besser vorstellen können, wie ein Tag unterwegs aussieht, finden Sie hier einen typischen Tagesablauf beim Radreisen mit dem Zelt.

Aufstehen, Frühstück, Morgentoilette, Zelt abbauen, Packen, Abfahrt, Mittagspause an einem schönen Ort, Abfahrt, Ankunft und Suche eines Zeltplatzes, Einkaufen und Zeltaufbau, Kochen und Essen,

Die komplette Ausrüstung für zwei Wochen Radurlaub mit Zelt findet Platz in einem Anhänger, einer Lenker- und einer Satteltasche.

	Artikel
Fahrrad	Reisetaugliches Rad, 2 Trinkflaschen (0,75 l), Ersatzmantel, Multitool, 4 Ersatzspeichen, 2 Schläuche, 1 Ministandpumpe, Flickzeug, Öl, Lappen, leichtes Schloss, Brems-Schaltzug, Satz Kabelbinder, Packriemen
Schlafen	Schlafsack, Isomatte, Zelt, ggf. Unterfolie
Kochen	Topfset, Teller, Tasse, Besteck, Pfeffer/Salz/Brühe, Tube Honig, Gewürze, Teebeutel, Brausetabletten, Spülmittel, Waschschüssel, Küchentuch, Kocher
Körperpflege	Shampoo, Rasierschaum (Miniflasche), Rasierer, Zahnpasta (Minitube), Zahnbürste, Monatshygiene, ggf. Solar-Dusche, Wund- und Heilsalbe, Sonnenschutzmittel, Waschmittel (Tube), Toilettenpapier, Handtuch (Microfaser)
Radbekleidung	2 Radhosen, 2 Radtrikots, 2 Funktionshemden, Beinlinge, Armlinge, Weste, Regenjacke, Regenhose, Helm
Bekleidung	3 Unterhosen/BH, Hemd, Fleecejacke, Trekkinghose, Mütze, Brille mit Wechselgläsern, 3 Paar Socken, Badehose/Bikini, Handschuhe, Schuhe
Orientierung/Papiere	Kartenkopien/Karte, Ausweis, Impfpass, Brustbeutel, Kopien der Papiere, Notizbuch, Stift, Handy und Netzteil, ggf. Kompass
Sonstiges	Tape/Gewebeklebeband, Erste-Hilfe-Päckchen, Kamera, Filme, Kopflampe, Kerzen, Feuerzeug, Literatur

Packliste Zeltreise

In die Pedale treten und entspannen

Duschen, Besichtigung des Ortes, lesen, faulenzen, Abendtoilette, lesen, Tagebuch, Schlafen.

Kein Zweifel – ein ausgefüllter Tag. Durch eine Reihe von Pflichten, wie z.B. das Auspacken und Einpacken oder den Zeltauf- und -abbau erhält der Tag einen Rahmen. Wer nur radeln und dann dösen und schlemmen möchte, sollte besser von einem guten Hotel aus Sternradtouren in alle Himmelsrichtungen unternehmen und sich ansonsten um nichts kümmern.

Das Radreisen in der oben beschriebenen Weise hat jedoch einen bedeutenden Vorteil. Durch die vielen kleinen Aufgaben und Tätigkeiten des Radreise-Tags lässt man in der Regel seinen normalen Alltag zu Hause schnell hinter sich. In die Pedale treten, die Landschaft genießen, essen, trinken und schlafen bestimmen dabei die Gedanken des Reiseradlers. Nur selten werden noch die alltäglichen Probleme reflektiert, und je weiter man sich von zu Hause entfernt, desto weiter bleiben eben diese hinter einem zurück. Deshalb ist das Verreisen mit dem Rad für viele Menschen die absolute Form der Entspannung, das ideale Abschalten vom Alltag.

Routenplanung

Wie bereits in Kapitel 3 beschrieben, sollten Sie Ihre erste Reise mit dem Fahrrad durchaus genau planen und vorbereiten. Das erhöht zum einen die Vorfreude, und zum anderen vermindern Sie so unvorhergesehene Ereignisse auf der Fahrt.

Dazu gehört vor allem der fünfte Punkt der Checkliste: „Routenplanung". Nachdem Sie sich für die Region und ein Reiseziel entschieden haben, folgt die Detailplanung. Grundlegende Fragen dabei sind:

- *Wie lange dauert der Radurlaub?*
- *Wie viele Kilometer möchten Sie pro Tag fahren?*
- *Wie viele Ruhetage möchten Sie ohne Radfahren verbringen?*
- *Wollen Sie in einem Bett oder Zelt übernachten?*
- *Bevorzugen Sie einen Campingplatz oder zelten Sie auch in der Natur, sofern es erlaubt ist?*

Erst nach der Beantwortung dieser Fragen können Sie sich an die konkrete Organisation begeben. Wenn Sie nur die Wegstrecke planen, nicht aber die genauen Übernachtungsorte, bleiben Sie weitestgehend flexibel. Sie suchen sich nachmittags ein Pensionsbett oder einen Zeltplatz und fahren am nächsten Tag wieder soweit Sie kommen.

Damit Sie sich in der Gesamtdistanz nicht überschätzen, soll Ihnen die nachfolgende Aufstellung als Leitfaden dienen. Beachten Sie jedoch, dass Sie im bergigen Gelände allerdings deutlich weniger Kilometer schaffen als im Flachland.

In der Tabelle sind den Kilometerangaben Radtypen zugeordnet. Diese stehen dort nur exemplarisch, denn auch mit dem Trekkingrad können 120 und mehr Kilometer am Tag zurückgelegt werden. Letztlich ist dieser Wert sehr stark von Ihrer Kondition und Ihren Wünschen abhängig, aber auch vom Pausenbedarf.

Ungefähre Streckenlängen pro Woche und Tag

	Rennrad mit Anhänger	Reiserad/ Trekkingrad	Cityrad
Tagesstrecke	120 km	96 km	56 km
Fahrzeit/Tag	6 h	6 h	4 h
km/h	20 km/h	16 km/h	14 km/h
Wochenstrecke (1 Ruhetag)	720 km	576 km	336 km

Als Tagesstrecke kann man den Kilometerwert einplanen, den man auch zu Hause problemlos in vier bis sechs Stunden zurücklegen kann. Dabei sollten Sie allerdings nicht extrem erschöpft nach Hause kommen, denn bei der Reise müssen Sie am darauf folgenden Tag bereits wieder auf Ihrem Drahtesel sitzen und weiterfahren. Wenn Sie ein wenig müde sind, aber ansonsten durchaus noch fit, haben Sie die richtige Etappenlänge gefunden.

Nun können die einzelnen Etappenziele abgesteckt werden, indem man die jeweilige Tagesstrecke auf einer Karte abmisst und den Übernachtungsort festlegt. Zeichnen Sie dazu die Route mit einem kontrastfarbenen Stift dünn ein und markieren Sie mögliche Etappenpunkte. Den ersten Ruhetag sollten Sie nach drei oder vier Tagen einlegen, sehr sportliche Radler auch erst nach dem fünften oder sechsten Tag. Eine Halbtagesetappe von „nur" zwei bis drei Stunden ermöglicht ebenfalls eine Regeneration des Körpers, und der Fahrer kann neue Kräfte für die Weiterreise sammeln.

Kartenmaterial

Die Auswahl des richtigen Kartenmaterials hat erheblichen Einfluss auf das Gelingen einer Radreise. Verkehrsarme Nebenstraßen, schöne Aussichtspunkte oder Steigungen bleiben dem aufmerksamen Kartenleser nicht verborgen und lassen sich in die Routenführung einarbeiten. Mit der falschen Karte hat man im Prinzip keine andere Wahl, als den Hauptverkehrsstraßen zu folgen.

Für viele Regionen in Deutschland gibt es inzwischen eine ganze Reihe spezieller Radkarten, die neben vielen weiteren Zusatzinformationen für Radler auch Streckenvorschläge enthalten und das vorhandene Straßennetz für den Radfahrer bewerten. Die Karten sollten den Maßstab 1:100.000 oder 1:50.000 aufweisen. Für längere Touren eignen

Die Radkarten-Reihe „ADFC Regionalkarten" vom Bielefelder Verlag zeigt alle typischen Ausstattungsmerkmale einer guten Radkarte.

sich auch Karten im Maßstab 1:200.000, da man ansonsten zu viele Einzelblätter mit sich führen muss.

Eine vernünftige Radkarte sollte neben Steigungsangaben der Straßen auch Höhenlinien enthalten und den Landschaftstyp charakterisieren (z.B. Wald, Wiese, Ackerland). Häufig lassen sich mit Steigungsangaben und Höhenlinien leichtere Umgehungsrouten für schwere Anstiege finden. Vorteilhaft ist die Eintragung von Fahrradgeschäften und Campingplätzen. Überregionale Radrouten sollten in jedem Fall verzeichnet sein. Nicht selten gibt es tolle Radfernwege, die auf keiner normalen Autokarte eingetragen sind.

Für Touren im europäischen Ausland muss man sehr häufig auf Autokarten zurückgreifen, denn nur für wenige Regionen sind spezielle Radkarten erhältlich. Auch ist die Beschaffung internationaler Karten nicht ganz einfach. Hier sollten Sie die verschiedenen Kartenanbieter vergleichen und sich für die übersichtlichste Karte mit den meisten für Radler relevanten Informationen entscheiden.

Vielfach sind Karten im jeweiligen Land deutlich günstiger zu erwerben, und auch die Auswahl ist größer. Bedenken sollten Sie die oftmals langwierige Bestellung von internationalen Karten.

Roadbook selbst gemacht

Praktisch ist die Erstellung eines Roadbooks, das nur die Kartenblätter enthält, die für Ihre Reise wichtig sind. Dazu kopiert man sich die relevanten Kartenblätter, schneidet sie mit der Schere auf eine Einheitsgröße und lässt sie mit einer Spiralbindung binden. So erhält man für wenige Euro ein perfektes Kartenwerk und kann eine Menge an Gewicht durch überflüssige Kartenblätter einsparen. Schneiden Sie Ihre Blätter genau in der Größe des Kartenfensters Ihrer Lenkertasche. So haben Sie immer die richtige Karte vor Augen. Bei langen Touren kann man die Originalkarte auch verkleinert kopieren, der Informationsgehalt bleibt dadurch trotzdem erhalten. Sie müssen nicht unbedingt Farbkopien anfertigen, denn auch mit guten Schwarzweißkopien findet man sich zurecht. Auch Pläne von auf der Strecke liegenden Städten lassen sich in das Buch integrieren.

Radreiseführer

Der Buchhandel hält inzwischen eine ganze Reihe von Radreiseführern für verschiedenste Regionen und Länder bereit. Die Qualität und der Nutzwert dieser Bücher ist sehr unterschiedlich. Die Spannweite reicht von Reiseerzählungen bis zu sehr gut gestalteten Reiseführern einzelner Radrouten. Letztlich ist die Mitnahme dieser Bücher auf die Reise

Ein einfaches Schwarzweiß-Roadbook mit Spiralbindung für eine Reise durch Europa.

mmer eine Frage des Gewichts. Häufig wird man auf ein Buch verzichten und sich die Informationen im Vorfeld zu Hause anlesen oder wichtige Seiten kopieren.

Allerdings sind auch sehr praxisorientierte Radreiseführer erhältlich, die neben einem genauen Streckenverlauf (Roadbook) aussagekräftige Karten und viele Zusatzinformationen zu Land und Leuten enthalten. Für Deutschland sind viele Flussradtouren als Fahrradreiseführer erhältlich. Diese Führer ersetzen Karten und Sekundarliteratur. Man ist hierbei allerdings fest an die Vorgaben und Routenführung des Buchs gebunden.

Radreiseführer sind eine gute Hilfe.

Orientierung

Ein wenig Kartenerfahrung sollte man sich vor einer Radreise schon aneignen, damit man sich nicht fortwährend verfährt und nach dem Weg suchen muss. In der Regel kommen jedoch auch Erstfahrer mit gutem Kartenmaterial auf Anhieb problemlos zurecht und finden ihre Route. Im Folgenden sollen dennoch einige Tipps zur Orientierung gegeben werden.

Berge oder Täler stellen gute Orientierungspunkte dar. Sie radeln zum Beispiel in der Ebene und haben zuvor auf der Karte festgestellt, dass Ihre Route auf den nächs-

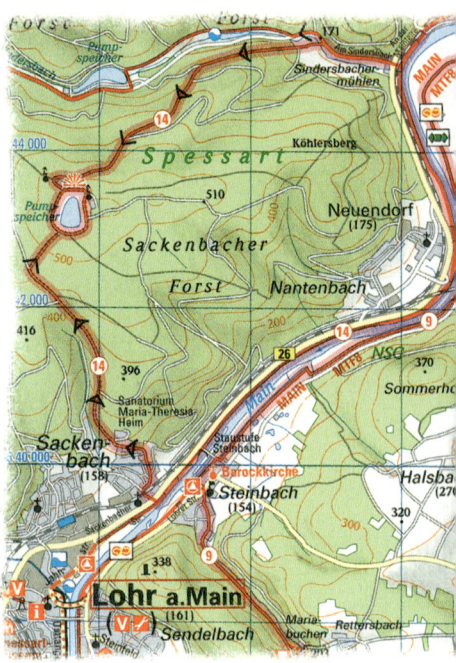

Aussschnitt aus einem Regionalkartenblatt.

ten 50 km parallel zu einem Gebirgszug verläuft und erst bei der Überquerung eines Flusses in das Gebirge abknickt. Die Berge immer in Sichtweite rechts neben sich können Sie nun fast ohne Karte weiter fahren. Gleiches gilt für Routen in Flusstälern. Hier fällt die Orientierung ebenfalls leicht.

In kleineren Dimensionen müssen Sie zur Standortbestimmung die Feinheiten der Karte mit einbeziehen. Überlandleitungen, Eisenbahnlinien, Felsen, Brücken oder einzelne Häuser ermöglichen eine Festlegung des genauen Standortes und des weiteren Routenverlaufs. Schwierig wird es allerdings, wenn Sie kilometerlang keinen Blick mehr auf die Karte geworfen haben, keine Straßenbezeichnung finden können und auch kein Ortsschild in der Nähe ist. Sind keine Wegweiser angebracht, hilft häufig nur das Weiterradeln bis zum nächsten Schild oder das Fragen nach dem Weg.

Ein Zwischenstop zu Orientierungszwecken.

Dieses Kapitel informiert über verschiedene Situationen unterwegs, gibt Tipps zur Verkehrssicherheit, Verpflegung und zeigt, wie man sich mit kleinen Reparaturen helfen kann.

Sicherheit

Als Radler gehört man im Straßenverkehr zu den schwächeren Teilnehmern und muss sich dementsprechend verhalten, um nicht gefährdet zu werden. Einige Tipps verhindern risikoreiche Situationen und reduzieren das von anderen Verkehrsteilnehmern ausgehende Gefährdungspotenzial – unabhängig davon ob Sie allein oder in der Gruppe unterwegs sind.

Alleine unterwegs

- Sicherheitsabstand zum Straßenrand 0,5-1 m
- Verkehr beobachten (hinten und vorne)
- Geschwindigkeit den Verhältnissen anpassen
- Innerorts: Finger an die Bremsen
- Auf sich öffnende Türen von Autos achten
- Sicherheitsabstand zu Autos wahren
- Blickkontakt mit anderen Verkehrsteilnehmern aufnehmen

Sind Sie alleine unterwegs, stellen Sie für den Autoverkehr kein allzu großes Hindernis dar und werden deshalb ab und an geschnitten und gefährlich überholt, ohne dass eine böse Absicht des Autofahrers dahinter steckt. Um dies zu vermeiden, sollte man auf schmalen Straßen einen Seitenabstand zum Fahrbahnrand von gut einem Meter oder mehr nicht unterschreiten. Dies verhindert gefährliches Überholen von Kraftfahrzeugen an Stellen, die für Sie bedrohlich sein könnten. Zum einen stellen Sie so ein Hindernis für den Autofahrer dar und zum anderen haben Sie mit Ihrem schwer beladenen Rad noch ein wenig Ausweichspielraum. Erst wenn die Situation für den Radler wieder sicher ist, fährt man ganz rechts und lässt sich gefahrlos und mit reduzierter Geschwindigkeit überholen. Das gleiche gilt auf schmalen Wirtschaftswegen auch für den entgegenkommenden Verkehr, den man durch die „breite" Fahrweise zum erheblichen Drosseln der Geschwindigkeit zwingt. Erst kurz vor dem Passieren fährt man ganz rechts, so dass ein sicheres Vorbeifahren gewährleistet ist. Diese kleinen Tipps sollen Ihnen helfen, sich sicher im Verkehr zu bewegen und Risikosituationen zu erkennen. Selbstverständlich gilt für Sie als Radfahrer immer die Straßenverkehrsordnung.

In der Gruppe unterwegs

- Klare Zeichen für Hindernisse vereinbaren
- Hindernisse anzeigen und Zeichen nach hinten weitergeben
- Auch akustische Zeichen einsetzen
- Rechtzeitig und großzügig Hindernisse umfahren
- Straffe Organisationsform in der Gruppe (Doppelreihe oder Einerreihe)
- Keine plötzlichen Lenk- oder Bremsmanöver
- Immer zuerst ausweichen, dann bremsen
- Gleichmäßiges Tempo an der Spitze
- Besonders vorausschauend fahren
- Neulinge oder unerfahrene Fahrer gehören an das Gruppenende
- In der Gruppe immer bremsbereit sein

Bereits ab zwei Radlern ist man eine Gruppe und stellt für den Autoverkehr ein größeres Hindernis dar. Das sichere Fahren in der Gruppe bedarf erheblich mehr Übung als das Fahren alleine. Eine Gruppe von Radfahrern ist mit einem Öltanker zu vergleichen, denn auch dieser ist schwer lenkbar und hat einen sehr langen Bremsweg. Umso wichtiger ist das vorausschauende Fahren für die ersten Radler der Gruppe. Rechtzeitig müssen Hindernisse angezeigt und umfahren werden. Zu spätes Reagieren der Gruppe kann Stürze zur Folge haben. Doch mit ein wenig Übung und Disziplin lässt sich in der Gruppe prima fahren und dabei „plaudern". Ab einer Gruppengröße von 12 Radlern dürfen Sie in Deutschland nebeneinander fahren.

Verpflegung

Auf einer Radreise ist auch die Zubereitung der Nahrung ein nicht alltägliches Erlebnis, denn im Gegensatz zu einer richtigen Küche hat man unterwegs nur einen Kocher und maximal zwei Töpfe zur Verfügung. Radeln Sie von Hotel zu Hotel, brauchen Sie sich um die folgenden Tipps zur Nahrungszubereitung keine Gedanken zu machen.

Der Ernährung kommt beim Radreisen eine gewichtige Bedeutung zu, denn nur mit „gefüllten Speichern" ist der Radler in der Lage, viele Tage nacheinander Rad zu fahren, ohne stark zu ermüden. Vielleicht kommen Ihnen die Ratschläge übertrieben vor, doch egal ob Tour de France-Profi oder Radamateur – die richtige Kost ist allemal wichtig.

Beim Radeln

In die Trikottaschen gehören bei jeder Radetappe von mehr als einer Stunde Dauer kohlenhydratreiche Snacks. Dazu bieten sich Energieriegel oder – noch einfacher und vor allem billiger – Bananen an. Auch Müsliriegel und fettarm belegte Brote eignen sich. Bereiten Sie also jeden Morgen Ihr Lunchpaket für unterwegs vor. Zumindest bis zur Mittagspause sollten Sie genügend „Brennstoff" bei sich haben.

Regelmäßiges Trinken (200 ml alle 30 min) verhindert einen plötzlichen Leistungseinbruch. Je heißer es ist, desto mehr muss getrunken werden, aber auch bei kaltem Wetter ist der Flüssigkeitsverlust beträchtlich. Die kalte Luft muss in den Atemwegen angefeuchtet werden; je kälter es ist, desto trockener ist auch die Luft.

Nicht überall ist der Trinkwassergenuss unbedenklich.

Bei heißem Wetter ist klares Wasser ein guter Durstlöscher. Im Ausland ist jedoch Vorsicht geboten. Zudem braucht man Wasser immer zum Kochen und gegebenenfalls auch zum Ausspülen von Wunden oder Augen. Zur Vermeidung von Magen-Darm Problemen sollten Getränke auch bei Hitze nicht zu kalt getrunken werden.

Um die Leistungsfähigkeit zu verlängern, empfiehlt es sich, dem Getränk Kohlenhydrate und Mineralien beizufügen. Fertigmischungen leisten hier gute Dienste, wenn sie nicht zu stark konzentriert werden. Konzentrationen um 6% (6 g Kohlenhydrate auf 100 ml Wasser) sind gut verträglich. Höhere Konzentrationen vertragen nur wenige Radler. Ein gutes Getränk mit den vorgenannten Inhaltsstoffen ist eine Mischung aus Apfel- oder Traubensaft mit einem magnesiumhaltigen Mineralwasser im Verhältnis 1:1 bis 1:2. Letztendlich entscheidet natürlich der individuelle Geschmack über die Wahl eines Getränks.

Fühlt man sich sehr müde, kann Cola die Leistungsfähigkeit wegen des hohen Zucker- und Koffeingehalts wieder herstellen. Besonders auf langen Touren ermöglicht ein halber Liter Cola zur rechten Zeit die Fortsetzung der Fahrt ohne Probleme. Auch einen „Hungerast" kann man damit kurzfristig in den Griff bekommen. Als „Hungerast" wird ein extremes Hungergefühl, ausgelöst durch ein Absinken des Blutzuckerspiegels, bezeichnet. Essen und trinken Sie also regelmäßig, denn eine Rennfahrerweisheit besagt, dass es schon zu spät ist, wenn man Hunger oder Durst verspürt.

Beim Reiseradeln haben sich so genannte Trinkrucksäcke als sehr praktisch erwiesen. Während sie bei Rennradlern eher verpönt sind, lieben Reiseradler, aber auch Mountainbiker diese Getränkespender.

Pause
Während der Mittagspause sollten Sie ebenfalls kohlenhydratreiche Snacks zu sich nehmen. Nur selten wird man bereits mittags den Kocher auspacken und sich ein Mahl zubereiten. Als Energiespender eignen sich vor allem Backwaren (Brot, Teilchen, Kuchen), Müsliriegel und Obst (Äpfel, Bananen etc.). Mittags sollten Sie auch ausreichend trinken. Kohlenhydratreiche Getränke, wie Säfte oder in Maßen auch Limonaden, sorgen für neue Energien. Neben all den vergleichsweise gesunden und sinnvollen Lebensmitteln kann man sich ruhig auch einen kleinen Leckerbissen wie z.B. einen Riegel Schokolade gönnen.

Abends
Jeden Abend müssen Sie für den nötigen Kaloriennachschub sorgen. Nudeln sollten auf dem Speisezettel stehen. Denken Sie aber auch an Vitamine und Mineralstoffe, beispielsweise in einem frischen Salat und in Milchprodukten. Auch Eiweiß in Form von Fisch oder Fleisch gehören regelmäßig auf den Speiseplan. Direkt nach der Belastung sollte man bereits auch Kohlenhydrate zu sich nehmen, um bei der „Auffüllung der Speicher" keine Zeit zu verlieren, denn schließlich wartet die nächste Etappe am Morgen. Dazu eignet sich Cola oder ein anderes sehr zuckerhaltiges Getränk aufgrund des hohen Kohlenhydratgehaltes gut. Natürlich sind hier Fruchtsäfte vorzuziehen, werden jedoch nicht von jedem Magen vertragen.

Am Vorabend der Radreise und besonders langer Etappen sollte man die so genannte „Pasta-Party" zelebrieren. Dabei verzehrt man eine sehr große Portion Nudeln, Kartoffeln oder Reis mit einer fettarmen Soße. Wie schon erwähnt, trinkt man reichlich. Am Morgen der Tour ist dann ein kohlenhydratreiches Frühstück wichtig. Allerdings reicht hier eine normale Portion.

Kochen fast wie zu Hause.

Kochen in der Feldküche

Mit Ihrem einflammigen ‚Luxusherd' ohne Backofen werden Sie schon nach kurzer Eingewöhnungszeit kulinarische Hochgenüsse zaubern können, von denen Sie zu Beginn der Reise nicht zu träumen gewagt hätten. Mit zwei Töpfen und einer auch als Deckel verwendbaren Pfanne und nur einer Flamme kommt es auf das richtige Timing an. Durch die direkte und schnelle Hitze der Flamme lässt sich bereits Vorgekochtes blitzschnell wieder aufwärmen und so alles gleichzeitig und warm auf den Tisch bringen.

Auf Rezepte wird an dieser Stelle bewusst verzichtet, denn letztlich gelingt jedes Mahl mit ein wenig Improvisationsgeschick auch unterwegs auf einer Flamme. Um auch geschmacklich mit daheim konkurrieren zu können, nehmen Sie eine Mini-Gewürzausstattung mit. Salz und Zucker füllt man beispielsweise in leere Filmdöschen, andere Gewürze in geringer Menge entweder auch in Filmdöschen oder kleinere Behälter. Honig oder Marmelade lassen sich in so genannte wieder verwendbare „Trekkingtuben" einfüllen und bei Bedarf portionsweise verzehren.

Einkäufe

Haben Sie ein Zelt dabei, sind Ihre Packtaschen oder Ihr Anhänger meist voll, und das Transportieren von Vorräten ist nicht möglich. Deshalb muss man an jedem Etappenziel aufs Neue alles für die anstehende Mahlzeit einkaufen. Das ist am Anfang ungewohnt. Kleine Reste lassen sich für den nächsten Tag meist noch irgendwie im Gepäck verstauen, eine übergebliebene Büchse Suppe oder Ananas mit einem Gewicht von fast einem Kilogramm sollten Sie jedoch verschenken oder aufessen. Was aber tun, wenn kein Laden mehr geöffnet hat oder ein unerwarteter Feiertag im Ausland die Aussicht auf ein Abendessen schmälert? Sie können nun entweder auf dem Zeltplatz eine Mahlzeit zusammenschnorren (was vielleicht unangenehm, aber möglich ist), Essen gehen oder sich auf den nächsten Tag freuen, an dem Sie ausgiebig frühstücken werden. Am besten haben Sie für solche Fälle eine ausreichende Zahl an Müsliriegeln oder andere Snacks dabei.

Kleine Reparaturen

Die folgenden Kurzbeschreibungen für verschiedene Reparaturen können Ihnen im Ernstfall helfen, Ihr Rad wieder flott zu bekommen. Sie sollten sich vor einer längeren Tour allerdings mit Ihrem Material vertraut machen und verschlissene Teile wie Reifen, Bremsgummis oder Züge ersetzen.

Kette ölen

Damit der Antrieb des Rades immer – im wahrsten Sinne des Wortes – „reibungslos" funktioniert, muss die Kette regelmäßig gesäubert und geölt werden. Am besten geht das mit einem alten Lappen und ganz gewöhnlichem Nähmaschinenöl. Spezielles Kettenöl enthält in der Regel noch Partikel zur Notschmierung der Kette, wenn das Öl bereits getrocknet ist. Zunächst wird die Kette mit dem Lappen abgewischt, indem man die Kurbeln rückwärts dreht. Danach wird neues Öl auf die Innenseite der Kette sowohl auf die Laschen als auch auf die Kettenrollen gegeben. Zuletzt wischt man das überschüssige Öl mit dem Lappen wieder ab. Diese Prozedur sollte auf einer Reise alle zwei Tage wiederholt werden. Gelegentlich reinigt man die Schaltungsrädchen der Schaltung und die Kettenblätter sowie Ritzel.

Schlauchwechsel

Wohl jedem Radfahrer gelingt auf irgendeine Weise ein Schlauchwechsel. Ob der Schlauch nach der Prozedur auch noch die Luft halten

Der Schlauch lässt sich mit Reifenhebern einfach wechseln.

kann oder ob er bei der Montage be-
schädigt wurde, stellt sich meistens sehr
bald heraus. Doch mit ein paar Kniffen
geht der Wechsel wesentlich schneller
und sicherer vonstatten. Ist das Rad aus-
gebaut, wird der Reifen mit Hilfe eines Reifenhebers aus Kunststoff einseitig abgehebelt. Der defekte Schlauch wird entfernt und ggf. geflickt.
Nun wird der Mantel von innen mit den Fingern nach der Ursache des
Defekts abgesucht. Ein Fremdkörper muss entfernt werden, um einen
erneuten ‚Plattfuß' zu vermeiden. Bei einem zu großen Loch sollte auch
der Reifen ausgewechselt werden. Bei einem mittleren Loch kann man
einen Flicken von innen dagegen kleben, um so bis zum nächsten Fahr-
radgeschäft zu kommen. Sie sollten ein kleines Stück eines alten Reifens
(5 cm, ohne Draht an den Seiten) mit sich führen, um dieses ggf. in den
defekten Mantel zu legen. So lässt sich auch ein größeres Loch provi-
sorisch schließen. Der neue Schlauch wird anschließend leicht aufge-
pumpt und in den Mantel gelegt. Daraufhin drückt man den Mantel mit
den Fingern zurück in die Felge. Für das letzte Stück kann auch der Rei-
fenheber vorsichtig benutzt werden, ohne den Schlauch dabei einzu-
klemmen. Haben Sie kein Flickzeug zur Hand und auch keinen
Schlauch, dann stopfen Sie den Mantel einfach fest mit Gras aus und
rollen so vorsichtig zum nächsten Fahrradladen.

Einstellen des Schaltungszuges.

Schaltung einstellen

Die Justierung der Schaltung ist leichter, als man denkt, denn man muss dazu nur an dem Einstellrädchen die Zugspannung regulieren. Zunächst wird die Kette auf das kleinste Ritzel gelegt und dann um einen Gang höher geschaltet. Springt die Kette auf das übernächste Ritzel oder rattert dazwischen hin und her, muss die Zugspannung durch Drehen schrittweise reduziert werden (halbe Umdrehungen). Funktioniert dieser Gangwechsel, versucht man den nächsten Gang. Bleibt die Kette auf dem kleinsten Ritzel liegen, müssen Sie die Zugspannung durch schrittweises Drehen des Rädchens erhöhen, bis die Kette das Ritzel wechselt. Zur Einstellung hält am besten ein Partner das Rad am Sattel hoch, damit die Kurbel ungehindert gedreht werden kann.

Bremse einstellen (V-Brake)

Auch die Einstellung der Bremsen ist keine Hexerei. Zunächst müssen die Bremsbeläge gelöst, ggf. gereinigt und dann plan zur Felge eingestellt werden. Überstehende Beläge verschleißen schneller. Die Länge des Bremszuges und damit der Abstand der Beläge zur Felge kann mit der Stellschraube am Bremshebel reguliert werden. Schleift eine V-Brake einseitig, muss man mit der kleinen, seitlich sitzenden Schraube die Federspannung der schleifenden Seite erhöhen und den Belag so von der Felge wegziehen. Auch eine Reduzierung der Spannung auf der anderen Seite ist möglich. Die Schraube wird soweit gedreht, bis die Beläge genau gleich weit von der Felge entfernt stehen.

Bremse justieren.

Kette nieten

In seltenen Fällen kommt es zu einem Kettenriss. Hat man ein Multi-werkzeug dabei, kann man mit ein wenig Geschick die Kette wieder zu-sammennieten. Dazu entfernt man zunächst mit dem Nieter das defekte Glied und achtet dabei darauf, den Bolzen nicht zu weit heraus zu drücken. Zum Nieten wird die Kette vom Kettenblatt abgenommen, um so den Kettenzug zu reduzieren. Vorsichtig wird der Bolzen hereinge-drückt, jedoch nur so weit bis er an beiden Laschen gleich weit über-steht. Das nun noch klemmende Glied kann durch kräftiges Biegen gelöst werden.

Laufrad zentrieren

Die Ausrichtung eines Laufrades ist eine hohe handwerkliche Kunst, doch unterwegs ist schnelle Hilfe notwendig. Wenn man das Prinzip des Zentrierens versteht, kann man sich auch auf einer Reise sehr gut hel-fen. Man braucht lediglich die Speiche oder die Speichen auf der ge-genüberliegenden Seite eines Schlages anzuziehen. Dadurch wird die Felge wieder zur Mitte hin gezogen und schleift nicht mehr an den Bremsbelägen. Man beginnt mit Viertelumdrehungen und arbeitet so den Schlag aus der Felge.

Kettennieter am Multitool.

Tagebuch und Fotos

Zwar wird sich eine Reise mit unzähligen Momenten vor Ihrem inneren Auge immer wieder abrufen lassen, aber dennoch sollten die schönsten Landschaften und Begebenheiten in Bild und Wort festgehalten werden. So kann man Freunden die Erlebnisse bei einem Diaabend besser schildern und vor allem auch für sich selbst die erradelte Tour dokumentieren.

Am besten nehmen Sie sich jeden Abend oder Morgen 10 Minuten Zeit und notieren sich stichwortartig die wichtigsten und schönsten Erlebnisse des Tages. Viele Kleinigkeiten können so „konserviert" werden. Ein kleines DIN-A6-Notizbuch oder ein paar Blätter Papier mit einem Stift in einer wasserdicht verschließbaren Tüte reichen völlig aus.

Um möglichst viele Eindrücke auch Freunden vermitteln zu können, sollten Sie viele Fotos schießen. Wer sich gerne Dias anschaut, macht mit einer Spiegelreflexkamera oder einer guten Kompaktkamera Bilder. Die Spiegelreflexkamera ist eigentlich deutlich zu schwer für eine Reise mit dem Rad. Ideal sind heutzutage leichtgewichtige Digitalkameras.

Kleine Digitalkameras passen in jede Trikottasche und eignen sich hervorragend für Radreisen.

Ab einer Bildauflösung von zwei Megapixeln kann man vernünftige Aufnahmen machen und diese später auch per E-mail verschicken. Achten sollten Sie auf eine ausreichend große Speicherkarte, denn nur mit 64 MB oder 128 MB braucht man sich in seiner „Fotografierfreude" nicht zu bremsen. Abends können die Bilder dann betrachtet und ggf. gelöscht werden. Allerdings muss man bei einer Digitalkamera ein Ladegerät mitnehmen.

Wieder zu Hause, schaut man sich die Bilder auf dem Computermonitor an oder lässt sie wie Papierbilder im Fotolabor ausdrucken. Wer die Aufnahmen gerne seinen Freunden in Form einer Präsentation zeigt, braucht ein Notebook und einen Datenbeamer, um sie an die Wand projizieren zu können.

Körperliche Beschwerden

In den bisherigen Kapiteln haben Sie bereits viel über das Radreisen und auch über die richtige Einstellung des Rades gelesen. Körperliche Beschwerden sind dennoch nicht auszuschließen; was Sie dagegen tun können, erfahren Sie auf den nächsten Seiten. Bedenken sollte man immer, dass der Körper eine gewisse Zeit benötigt, um sich an die ungewohnte Position und die Belastung auf dem Rad zu gewöhnen.

Wer nach dem 40. Lebensjahr erstmals eine anstrengende Radreise beginnt, sollte sich zuvor einem gründlichen ärztlichen Check-up unterziehen.

Rückenprobleme

Rückenprobleme werden sehr häufig durch eine falsche Sitzposition verursacht. Besonders eine zu große Höhendifferenz zwischen Sattel und Lenker kann zu Schmerzen im Lendenwirbelbereich – insbesondere bei holprigen Wegen – führen. Mit einem leicht nach oben zeigenden Vorbau oder Distanzringen im Gabelschaft ist eine entsprechend hohe Positionierung des Lenkers möglich, um Rückenschmerzen zu vermeiden. Auch die Sitzlänge sollte gemäßigt eingestellt werden.

Bei Rückenschmerzen muss in jedem Fall ein kontinuierliches Rücken- und vor allem Bauchmuskeltraining durchgeführt werden. Zusätzlich ist die Dehnung der entsprechenden Partien unerlässlich.

Nackenschmerzen

Auch Nackenprobleme hängen in der Regel mit einer falschen Sitzhaltung zusammen, denn bei einer gestreckten Position muss man den Kopf weit in den Nacken nehmen. Die Nackenmuskulatur verkrampft und Schmerzen entstehen. Auch nasse Trikots oder Unterhemden aus Baumwolle können durch eine Unterkühlung der Haut Schmerzen verursachen. Es empfiehlt sich in diesem Fall, einen speziellen Unterziehkragen oder Funktionsunterhemden mit Rollkragen zu tragen.

Handschmerzen

Druckstellen bis hin zu Blasen an den Handinnenflächen lassen sich durch das Tragen von Radhandschuhen vermeiden. Wer hier besonders empfindlich ist, sollte in jedem Fall eine weich eingestellte Federgabel fahren. Ein Taubheitsgefühl der Finger durch den hohen Druck kann ebenfalls nach langen Touren auftreten; Abhilfe schafft oftmals ein geringerer Höhenunterschied zwischen Sattel und Lenker (wie schon bei den Rückenproblemen beschrieben). Der Druck wird dadurch von der

max. 8 cm Höhenunterschied zwischen Sattel und Lenker

Eine möglichst geringe Höhendifferenz zwischen Sattel und Lenker tut dem Rücken gut.

Händen genommen. Probleme in den Handgelenken haben nicht selten die gleichen Ursachen, können aber auch durch eine ungünstige Griffposition auftreten. Gekröpfte (gebogene) Lenker, Bar Ends oder spezielle Griffgummis verändern hier den Winkel im Handgelenk und lassen Schmerzen verschwinden.

Knieschmerzen

Radfahrer haben im Vergleich mit »laufenden« Sportlern sehr wenig Probleme mit ihren Knien. Die Kniegelenke müssen nicht, wie beim Laufen, Stöße abfangen und werden auch nicht Verdrehungen und Prellungen wie in vielen Spielsportarten ausgesetzt. Treten dennoch Schwierigkeiten auf, so liegt dies oft an folgenden Punkten:

1. Zu schwere Gänge
2. Nackte Knie (kurze Hose) auch bei niedrigen Temperaturen
3. Sitzposition (zu tiefe Sattelstellung)
4. Pedalsystem (starre Fixierung des Fußes kann Probleme verursachen)
5. Verbogene Pedale oder Kurbeln

Insbesondere eine Auskühlung der Kniegelenke ist Ursache für Schmerzen im Kniebereich. Deshalb sollten auch Reiseradler nur bei ausreichenden Temperaturen (ab ca. 18° C) in kurzer Hose fahren.

Schmerzende Fußsohlen

Brennende oder schmerzende Fußsohlen lassen sich in der Regel auf ungeeignetes Schuhwerk zurückführen. Besonders beim Radfahren mit Laufschuhen treten diese Beschwerden auf. Die weiche Sohle biegt sich auf dem Pedal durch und die Fußmuskulatur verkrampft auf Dauer, Schmerzen entstehen. Deshalb weisen hochwertige Mountainbikeschuhe eine sehr harte und unflexible Sohle auf. Auch hier kann die Passform des Schuhs – ein zu schmaler Schuh für einen breiten Fuß – zu erheblichen Problemen führen. Wenn die Schmerzen nicht nach zehn Ausfahrten innerhalb von drei Wochen verschwunden sind, sollte man den Schuh wechseln.

Schürfwunden durch Stürze

Schürfwunden befinden sich meistens an der Hüfte (Oberschenkel), der Schulter, dem Knie (Unterschenkel) oder dem Ellbogen. Eine derartige Verletzung ist kein Grund, eine Reise abzubrechen, muss jedoch behandelt werden. Die Wunden liegen oft an Stellen, auf denen man

schläft und die ständig gebeugt und gestreckt werden. Ein Tetanus-
vollschutz sollte bei einer Radreise selbstverständlich sein. Da bei einem
Sturz immer Schmutz in die Wunde gelangt, muss dieser bei der an-
schließenden Wundversorgung wieder entfernt werden. Sind die Wunden nur oberflächlich, kann man sie mit Desinfektionsseife reinigen; sind
sie tiefer, gehört die Behandlung in die Hände eines Arztes. Es empfiehlt
sich immer, eine gesäuberte Wunde mit einem Desinfektionsmittel zu
besprühen. Kleinere Wunden belässt man ohne Verband, während
größere ärztlich weiter behandelt werden.

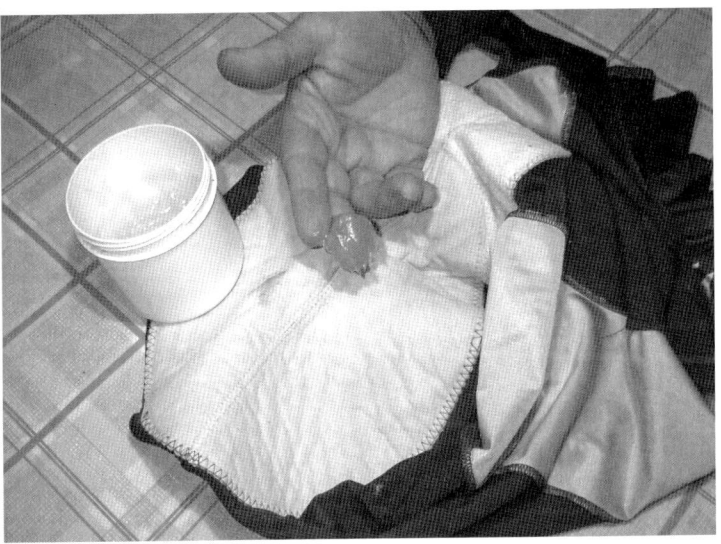

Sitzcreme hilft gegen Wundsitzen und Ekzeme.

Sitzfläche

Entzündungen oder Wundsein der Sitzfläche werden vor allem durch
eine schlecht sitzende Radhose verursacht. Das synthetische Sitzleder der
Radhose muss faltenfrei am Gesäß anliegen. Ersteres sollte normaler-
weise nach ein oder zwei Tagen gewaschen werden, da ansonsten
Keime in die empfindliche Haut gelangen und Entzündungen verursachen können. Nicht jede Hose passt zu jedem Po, denn Art der Naht und
Art des Leders werden sehr unterschiedlich vertragen. Wer „seine
Hose" gefunden hat, sollte bei diesem Fabrikat bleiben. In jedem Fall ist
es sinnvoll, die Sitzfläche vor dem Fahren mit Vaseline oder besser noch
mit spezieller Sitzcreme einzureiben. Ist die Sitzfläche einmal wund, hilft

die Behandlung mit Wundsalbe (z.B. Bepanthen). Bei Vielfahrern wird man in der Regel eine Gewöhnung der Sitzfläche an die Belastungen feststellen. Auch der Sattel kann die Ursache für Sitzprobleme sein. Ein härterer Sattel ist für Vielfahrer besser als ein weiches Modell.

Sonnenbrand

Beim Radfahren auf Reisen ist die Haut besonders in den Sommermonaten starker Sonneneinstrahlung ausgesetzt. Neue Studien haben gezeigt, dass diese Strahlung bei langen Touren die empfohlenen Höchstwerte um ein Vielfaches übersteigt. Dies trifft insbesondere bei Touren im Hochgebirge zu. Es wird oft vergessen, dass eine mehrstündige Fahrt in kurzer Hose und kurzem Trikot genauso einen Sonnenbrand verursachen kann wie ein Aufenthalt am Strand. Gerade im Gebirge ist die UV-Strahlung wesentlich höher als im Flachland (pro 1.000 m eine um 20-100% erhöhte UV-Strahlung), was zu ernsten Verbrennungen führen kann. Deshalb sollte man die Haut im Sommer mit einem entsprechenden Sonnenschutz eincremen. Wer zeltet, ist neben der Zeit auf dem Rad auch den restlichen Tag über an der frischen Luft und damit auch an der Sonne.

Taubheitsgefühl

Wohl fast jeder männliche Radfahrer kennt nach langen Touren Probleme im Bereich der Sitzfläche. Auch Frauen leiden unter reversiblen Schmerzen, vor allem durch Wundscheuern im Genitalbereich. Durch den hohen Druck in Verbindung mit zahlreichen Stößen und Schlägen kann es

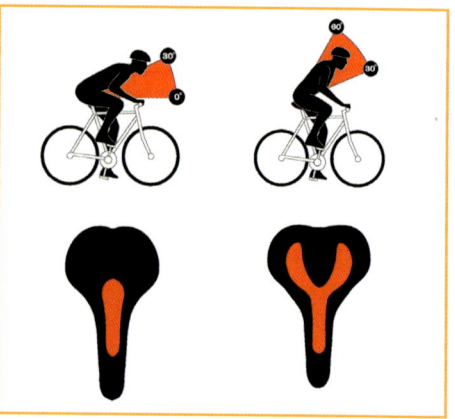

zum Anschwellen der Prostata, einer Reizung der Harnröhre und/oder einer Nervenkompression mit einem Taubheitsgefühl im Penis oder gar Schmerzen beim Wasserlassen kommen. Bei Frauen handelt es sich meistens um Scheuer- und Druckstellen im Bereich des Schambeins. Diese Symptome verschwinden jedoch von selbst wieder. Eine neue Untersuchung an der Deutschen Sporthochschule in Köln hat eindeutig gezeigt, dass Radfahren keine negativen Auswirkungen auf die Potenz

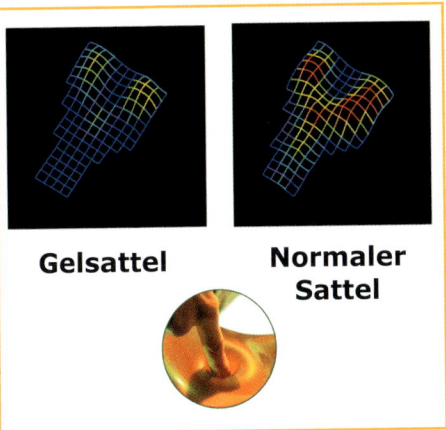

Gelsattel **Normaler Sattel**

Ein Sattel mit Geleinlage im Dammbereich verteilt den Druck besser und kann Komplikationen verhindern.

hat. Abhilfe bei den oben beschriebenen Problemen verschafft zunächst ein spezieller, anatomisch geformter, weicher und eventuell leicht nach vorne geneigter Sattel. Breitere, gut dämpfende Reifen und ein etwas höher gestellter Lenker tun ein Übriges. Zusätzlich sollte man während der Fahrt regelmäßig aus dem Sattel gehen und die Sitzfläche mit den darunter liegenden empfindlichen Geweben (Prostata, Harnleiter, Nerven, Samenleiter) ein wenig entlasten.

Erkältungskrankheiten

Reiseradler sind, bedingt durch die klimatischen Umstände, einem erhöhten Erkältungsrisiko ausgesetzt. In der Summe sind sie jedoch seltener von Erkältungskrankheiten betroffen als Nichtsportler. Im Frühjahr ist das Wetter oftmals schlecht und erfordert größte Vorsicht, um sich vor Erkältungen und Infektionen zu schützen. Sehr hohe Belastungen können das Immunsystem angreifen und somit die Infektanfälligkeit erhöhen. Radfahren mit einer starken Erkältung oder gar bei Fieber verbietet sich, da hierdurch Organe in Mitleidenschaft gezogen werden können (Herzmuskelentzündung). Hier ist es ratsam, die Reise abzubrechen. Nach der Genesung sollte nur langsam wieder mit dem Radfahren begonnen werden. Wird ein Schnupfen ignoriert, kommt es vielfach zu einer chronischen Nebenhöhlen- oder gar einer Stirnhöhlenvereiterung. Sie muss unbedingt auskuriert werden, bevor an eine Wiederaufnahme der Radaktivitäten zu denken ist, denn ein solcher Eiterherd birgt die Gefahr einer Herzschädigung.

Zeltplatz

Für viele Radreisende gehört das Zelten zum Radreisen wie der Sattel zum Fahrrad. Das Zelten ist die unabhängigste, erlebnisreichste und zugleich auch kostengünstigste Weise, seinem Schlafbedürfnis nachzukommen. Allerdings erhöht sich dadurch das Gepäckgewicht und auch in punkto Komfort müssen gegenüber einem Hotel gewisse aber durchaus verkraftbare Abstriche gemacht werden. Zeltplätze finden sich in allen Urlaubsregionen ganz Europas. In weniger touristischen Gebieten fällt die Suche häufig etwas länger aus, weshalb sich ein wenig Vorarbeit zu Hause lohnt. Tragen Sie sich für solche Regionen mit Hilfe eines Campingführers alle Campingplätze entlang der Strecke auf Ihrer Karte ein. Auf diese Weise bleibt Ihnen langes Suchen erspart.

Wer keinen Campingplatz findet, dennoch aber nur ungern „wild" zelten möchte, sollte es bei Bauernhöfen probieren. Spätestens beim dritten Hof haben Sie ein Nachtquartier und vielleicht sogar eine Dusche gefunden. Insbesondere in ländlichen Regionen ist die Gastfreundschaft ausgeprägt, und man hat selten Probleme, eine Schlafstätte zu finden.

Zeltaufbau in 10 Minuten.

Auf dem Zeltplatz ange-kommen sucht man sich am besten ein ruhiges und vor allem ebenes Plätzchen, das am nächsten Morgen keinen Schatten für das Zelt bie-tet, denn in der Sonne trocknet das Kondens-wasser im Außenzelt deutlich schneller ab. Der Eingang wird nicht in den Sichtbereich ge-legt. Ist der Boden leicht schräg, schläft man mit dem Kopf nach oben.

Die lebende grüne Wäscheleine.

Auf Zeltplätzen schließt man die Räder während der Nacht grundsätzlich ab, lässt Sie vom Verwalter einschließen oder nimmt sie mit zu sich ins Zelt.

„Wildes Campen"

Wirkliche Naturnähe stellt sich erst beim Zelten abseits von Plätzen und Dörfern auf Weiden, am Waldrand oder an Bächen und Flüssen ein. Unvergleichlich ist das Erwachen der Natur, wenn man selber ein Teil von ihr ist. In einigen Ländern ist freies Zelten erlaubt und in anderen wiederum streng verboten. Achten Sie deshalb auf die jeweiligen Be-stimmungen. Im folgenden Kapitel finden Sie eine Übersicht vieler eu-ropäischer Reiseländer mit Angaben zum „freien Zelten".

Wenn man sich jedoch richtig verhält, findet sich nahezu überall eine geeignete Stelle. Grundsätzlich sollte man die unmittelbare Nähe von großen Straßen und Städten meiden. Doch viele Zelter fühlen sich in der Nähe von Ortschaften wohler. Zumindest aber sollte man auf einen Sichtschutz achten, der einen wie unsichtbar verschwinden lässt. Hinter einer Hecke, einem Hügel, einem Waldstuck oder einer Scheune finden sich traumhafte Winkel, die von Straßen oder Ortschaften aus nicht ein-sehbar sind und lästige Besucher fernhalten.

In Mittelgebirgslandschaften bieten sich aufgrund der abwechs-lungsreichen Landschaft unzählige Möglichkeiten, ein ruhiges Plätz-chen für die Nacht zu finden. Dazu muss man allerdings häufig einen oder zwei Kilometer auf einem Feld- oder Waldweg zurücklegen.

Ein traumhafter Zeltplatz.

Problematischer ist es im waldlosen Flachland, einen geeigneten Ort aus-zumachen. Im Hochgebirge gibt es weniger geeignete und vor allem schwieriger erreichbare Stellen als in Mittelgebirgen. Im Allgemeinen eignen sich die folgenden Stellen zum Zelten sehr gut: an Flussläufen, auf Bergkuppen, auf Lichtungen im Wald, hinter Hecken, an reinen Rad-wegen ohne Autoverkehr, hinter Scheunen, bei Bauern, am Waldrand.

Ohne Frage ist das „wilde" Campen keine gefährliche Variante der Übernachtung. Unzählige positive Erfahrungen von Radurlaubern be-legen dies. Natürlich gibt es auch negative Erlebnisse. So hört man ab und an von Radreisenden, dass sie von ihrem Platz verjagt wurden. Über-griffe sind jedoch – zumindest in Europa – äußerst selten. Verhält man sich in der oben beschriebenen Weise, lässt sich auch dieses Restrisiko minimieren. Letztlich besteht auch immer die Ausweichmöglichkeit, in einer Pension oder einem Hotel zu übernachten, falls kein geeigneter Platz zu finden ist.

In Ländern mit einem „Zeltverbot" können Sie Bauern oder Grund-stücksbesitzer fragen und gelangen so z.B. auch in Deutschland immer zu einem legalen und zudem meistens noch sicheren Zeltplatz, oft auch mit Familienanschluss.

Pensionen

Wer mit der Suche nach einem geeigneten Zeltplatz und dem Transport der Zeltutensilien nichts zu tun haben möchte, sollte eine der weltweit reichlich vorhandenen Pensionen aufsuchen. Möchten Sie stark frequentierte Touristenzentren besuchen, empfiehlt sich eine Vorausbuchung, wie im Übrigen auch bei Zeltplätzen. Über Pensionen und Fremdenzimmer noch viele Worte zu verlieren, wäre vergeudeter Platz, denn nur wenig unterscheidet den Radreisenden hier von einem gewöhnlichen Gast. Von Radreisenden gerne angenommen wird die Möglichkeit, das Rad einschließen und unter Umständen Wäsche waschen zu können. Auch ein Reparaturplatz ist begrüßenswert, bildet jedoch die absolute Ausnahme.

Die Übernachtungsverzeichnisse „Bett & Bike" des Allgemeinen Deutschen Fahrrad-Clubs (ADFC) machen es Radlern besonders leicht, ein passendes Quartier zu finden. Bundesweit gibt es mehr als 2.880 Hotels, Pensionen, Jugendherbergen, Naturfreundehäuser und Campingplätze, die sich auf die besonderen Bedürfnisse von radelnden Gästen eingestellt haben. Bei der Auswahl der radlerfreundlichen Übernachtungsbetriebe war Qualität Trumpf: Nur wer die ADFC-Qualitätskriterien erfüllt, erhält eine entsprechende Urkunde und darf sich mit der „Bett & Bike"-Plakette schmücken. Sie signalisiert: Radler sind hier willkommen. Weitere Informationen zu „Bett & Bike" finden Sie unter www.adfc.de.

Hotels

Die Luxusvariante ist das Radreisen von Hotel zu Hotel, denn hier legt man sich im wahrsten Sinne des Wortes „in das gemachte Bett" und lässt es sich nach getaner Arbeit gut gehen. Zum Essen braucht man meist nur ein paar Schritte zu gehen, und häufig locken Sauna und Hallenbad zur Entspannung. In vielen radlerfreundlichen Regionen bieten die Hotels auch den kostenlosen Gepäcktransport zur nächsten Unterkunft an. Bei solchem Komfort braucht man nur noch zu radeln, zu essen (genießen) und zu schlafen.

Aber auch für Zeltreisende kann eine Nacht im Hotel bei „Hundewetter" ganz erholsam sein.

Die schönsten Radfernwege in Deutschland

n diesem Kapitel sind die wohl schönsten Radfernwege Deutschlands von Nord nach Süd für Sie zusammengestellt. Nehmen Sie diese Aufstellung als Grundlage für die Planung Ihrer vielleicht ersten Radreise. Natürlich ist die vorliegende Auswahl nur ein Überblick, denn es gibt inzwischen weit über hundert Radfernwege in Deutschland und jedes Jahr kommen neue hinzu.

Schöne Landschaften, gute Radwege und eine vernünftige Beschilderung der Routen sorgen für einen unbeschwerten Traumurlaub mit

dem Rad. So macht Urlaub mit dem Rad Spaß. Warum beginnen Sie nicht einfach mit einem der Klassiker (Weser, Donau, Altmühl) und wagen sich danach an ausgefallene und selbst geplante Routen? Lassen Sie sich von den langen Wegstrecken nicht abschrecken und suchen Sie sich den für Sie passenden Abschnitt Ihres Radfernweges heraus.

Wenn Sie weiterführende Informationen zu den beschriebenen Routen und Regionen benötigen, sei Ihnen das Buch „Radfernwege in Deutschland" von Frank Hofmann und Thomas Froitzheim empfohlen, das auf fast 300 Seiten eine große Auswahl an deutschen Radfernwegen beschreibt und bewertet. Darüber hinaus gibt es für eine Reihe der beschriebenen Routen inzwischen auch Bücher und Kartenwerke. Sie finden eine Auswahl dazu bei der jeweiligen Route aufgelistet.

Ostseeküsten-Radweg

Der Ostseeküsten-Radweg verläuft durch sehr unterschiedliche Landschaftsformen von Flensburg über Kiel, Travemünde und Greifswald nach Ahlbeck. Immer neue Ausblicke auf das Meer und malerische Buchten bieten sich dem Radler. Flache Passagen mit Wind wechseln sich mit kurzen Steigungen ab. Die Wege sind lei-

der nicht immer gut ausgeschildert, jedoch meistens verkehrsarm. Gelegentlich fährt man auch über sandige und unbefestigte Abschnitte. Pensionen, Hotels und Campingplätze finden sich in großer Zahl entlang der Strecke. Der Ostseeküsten-Radweg ist in jedem Fall eine lohnenswerte und sehr abwechslungsreiche Tour für die Sommermonate.

Länge: 836 km

Informationen: *Ostseebäderverband Schleswig Holstein e.V.*, Vorderreihe 57, 23570 Lübeck, Tel.: 04502/4222, Fax: 04502/4234, obvsh@aol.com, www.sht.de/ostsee

Karten und Literatur:
- Ostseeküstenradweg, Faltblatt, grobe Übersicht über den Routenverlauf und Adressen, Ostseebäderverband
- Ostseeküstenradweg, Radwanderführer mit Übersichtskarte und vielen Infos zur Strecke, BVA
- ADFC-Radtourenkarte, 1:150.000, Blatt 1,2,3,4, BVA

Mecklenburgischer Seenradweg

Der Mecklenburgische Seenradweg verläuft von Wolgast über Ahlbeck, Waren, Lübz und Dömitz bis nach Lüneburg. Sämtliche Landschaften Mecklenburg-Vorpommerns werden dabei durchradelt, doch die Beschilderung der sechs Unterrouten ist noch verbesserungsfähig. Mit der unten empfohlenen Radwanderkarte kommt man aber sehr gut zurecht. Es geht entlang der Mecklenburgischen Seen

nicht nur auf ebenen Wegen, denn immer wieder sind leichte Anhöhen zu erradeln. Die Wegequalität ist sehr unterschiedlich, größtenteils jedoch gut. Übernachtungsmöglichkeiten sind entlang der sehr naturbezogenen Strecke ausreichend vorhanden. Der Seenradweg ist eine Naturtour für Genießer.

Länge: 615 km
Informationen: *Tourismusverband Mecklenburg-Vorpommern e.V.*, Platz der Freundschaft 1, 18059 Rostock, Tel.: 0381/4030500, Fax: 0381/4030555, info@tmv.de
Karten und Literatur:
- Mecklenburgischer Seen-Radweg, Radwanderprospekt mit Kartenskizzen 1:150.000, Bezug über den Tourismusverband
- Mecklenburgischer Seen-Radweg, Radwanderkarte 1:50.000, Spiralbindung, mit touristischen Hinweisen, BVA
- ADFC-Radtourenkarte, 1:150.000, Blatt 3, 4, 7, BVA

Weser-Radweg

Der Weser-Radweg ist ein Klassiker unter den Radfernwegen Deutschlands und liegt in einer Beliebtheitsbefragung des ADFC an Platz 1. Von Hann. Münden bis nach Cuxhaven führt die fast 500 km lange Route immer entlang der Weser. Dabei steht das Weserbergland ebenso auf dem Programm wie kleine und große Städte (Bremen) mit ihren kulturellen Highlights. Die Routenführung entlang des Flusses steht für nahezu bergefreien Radspaß. Auf weitestgehend autofreien Asphaltwegen und wassergebundenen Wegen fährt man bei noch nicht lückenlos einheitlicher Beschilderung gen Nordsee. Doch bezüglich der Orientierung ist eine Flussroute sehr einfach und eignet sich deshalb sehr gut für Anfänger.

Länge: 474 km
Informationen: *Weserbund e.V.*, Teerhof 34, 28199 Bremen, Tel.: 0421/598290, Fax: 0421/5982940, weserbund@weser.de, www.weser.org

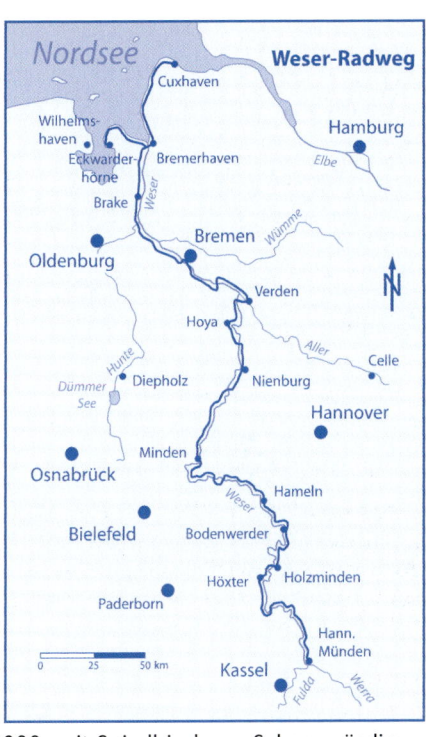

Karten und Literatur:

- Offizielle Radwanderkarte Weser-Radweg 1:75.000, mit Spiralbindung, Sehenswürdigkeiten und touristische Informationen, BVA
- ADFC-Radtourenkarte, 1:150.000, Blatt 5, 6, 11, BVA
- „RADgeber" Weser, jährlich erscheinend gegen Schutzgebühr vom Weserbund

Spree-Radweg

Die landschaftlich ausgesprochen reizvolle Route verläuft von Kottmar an der Grenze zu Tschechien bis nach Fürstenwalde in der Nähe von Berlin und führt in ein Stück unbekanntes Deutschland. Der einheitlich ausgewiesene Radfernweg verläuft größtenteils abseits von Straßen. Etwas schwerer fahrbare Sandwege finden sich vor allem im unteren Teil der Strecke. Nur im Oberlausitzer Bergland warten eine Reihe von Steigungen auf den Radtouristen, deren Mühen allerdings mit tollen Ausblicken über die Waldlandschaft belohnt

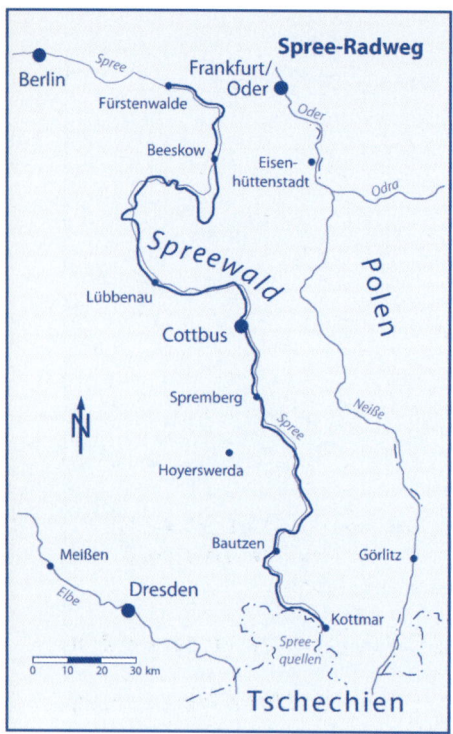

Spree-Radweg

werden. Der Spree-Radweg lässt sich problemlos bis nach Berlin verlängern.

Länge: 370 km
Informationen: *Tourismus-verband Oberlausitz-Nieder-schlesien e.V.*, Bahnhofstr. 14, 02625 Bautzen,
Tel.: 03591/48770,
Fax: 03591/487748,
info@oberlausitz.de,
www.radwandern-oberlausitz.de
TMB Tourismus-Marketing Brandenburg GmbH,
Am neuen Markt 1,
14467 Potsdam,
Tel.: 0331/2987320,
Fax: 0331/2987328,
hotline@tmbrandenburg.de,
www.tmb-brandenburg.de
Karten und Literatur:
● Broschüre Radwandern in der Oberlausitz
(sächsischer Abschnitt), TV Oberlausitz-Niederschlesien e.V.
● ADFC-Radtourenkarte, 1:150.000, Blatt 9, 14, BVA

Münsterland (100 Schlösser Route)

Das weitgehend flache Münsterland ist für Radreisende ein El-dorado, denn neben der hervorragenden Ausschilderung be-wegt sich der Radler vornehmlich auf asphaltierten Wirtschafts-wegen (90 %) und Nebenstraßen. Das 1400 km lange Routennetz be-steht aus über 200 Rundkursen, die als Tagestouren abgefahren werden können. Daneben laufen über das gleiche Routennetz längere thematische Routen (Aa-Vechte-Tour, Sagenroute, Kulturparcours, etc.). Somit hat man verschiedene Möglichkeiten, seinen Radurlaub im Münsterland zu planen. Infomaterial dazu gibt es von der Münster-landtouristik.

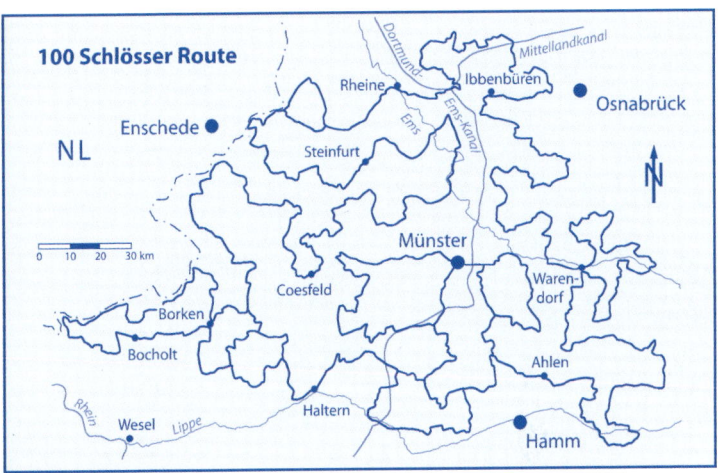

Länge: 1400 km

Informationen: *Münsterland Touristik Zentrale*, Hohe Schule 13, 48565 Steinfurt, Tel.: 02551/939291, Fax: 02551/939293, touristik@muensterland.com, www.muensterland.com

Karten und Literatur:

- Radelpark Münsterland, kostenlose Planungskarte, grobe Übersicht über den Routenverlauf
- 100 Schlösser Route, Radwanderkarte 1:75.000 mit Spiralbindung, Beschreibung der Sehenswürdigkeiten, BVA
- ADFC-Regionalkarte Münsterland, 1:75.000, BVA

NiederRhein-Route

 Die Landschaft des Niederrheins ist aufgrund ihrer Topographie für Radurlaube ideal geeignet. Auf etwa 2000 km flachen und gut markierten Radwegen, vorwiegend über Wirtschaftswege lassen sich die Natur- und Kultursehenswürdigkeiten der Region erkunden. Das Routennetz ist wabenartig angelegt und dadurch sehr vielfältig. Für einen individuellen Urlaub kann man sich somit seine eigene Route mit Hilfe des guten Kartenmaterials erstellen.

Länge: ca. 2000 km

Informationen: *Touristik Agentur Niederrhein GmbH*, Mühlenstege 11, 47546 Kalkar, Tel.: 02824/923592, Fax: 02824/923535, www.niederrhein-touristik.de

Karten und Literatur:
- Die NiederRheinroute, Radwanderkarte 1:75.000, Spiralbindung, BVA
- ADFC-Radtourenkarte, 1:150.000, Blatt 10, BVA

Rhein-Radweg

 Der Rhein-Radweg führt den Radler von Konstanz bis zur niederländischen Grenze entlang des größten deutschen Flusses. Die Route führt in der Regel über asphaltierte Wege, teilweise aber auch über Radwege von Bundesstraßen (Mittelrhein) und weitestgehend steigungsfrei. Die Orientierung fällt aufgrund der Nähe zum Fluss immer leicht und wird durch eine oft gute Beschilderung erleichtert. Allerdings gibt es einige Abschnitte ohne Beschilderung.

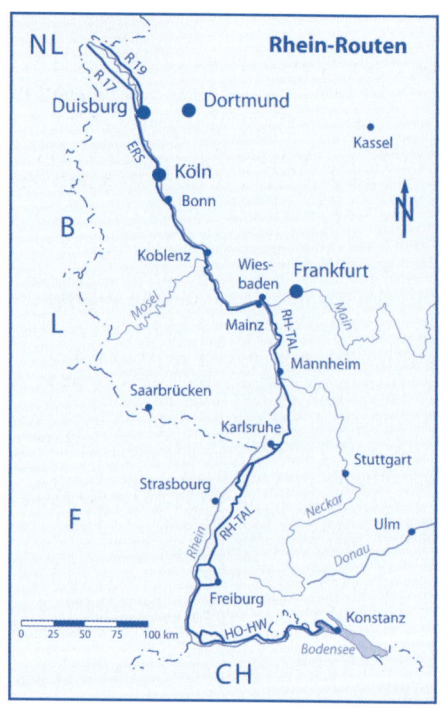

Problemlos kann der Rhein-Radweg auf den Bodensee und bis in die Schweiz nach Andermatt ausgedehnt werden. Auch eine Erweiterung bis nach Rotterdam in den Niederlanden ist möglich.

Länge: 1135 km
Informationen:
Tourismus-Service GmbH, Yorckstr. 23, 79110 Freiburg, Tel.: 0761/89797979, Fax: 0761/89797989, info@tourismus-baden-wuertemberg.de, www.tourismus-baden-wuertemberg.de

Hessen Touristik Service e.V., Abraham-Lincoln-Str. 38-42,
65189 Wiesbaden, Tel.: 0611/778800, Fax: 0611/7788040,
info@hessen-tourismus.de, www.hessen-tourismus.de
Rheinland-Pfalz Information, Postfach 200563, 56005 Koblenz,
Tel.: 0261/915200, Fax: 0261/9152040, info@rlp-info.de,
www.rlp-info.de
Tourismus und Congress GmbH, Adenauerallee 131, 53113 Bonn,
Tel.: 0228/910410, Fax: 0228/9104111, marketing@tcbonn.de,
www.bonn-regio.de

Karten und Literatur:
- Rhein-Radweg, 3 Teile von Andermatt bis Rotterdam, Karten 1:75.000, Verlag Esterbauer
- ADFC-Radtourenkarte, 1:150.000, Blatt 10, 15, 19, 20, 24, BVA
- sowie zahlreiche weitere Karten und Bücher der verschiedenen Regionen

Donau-Radweg

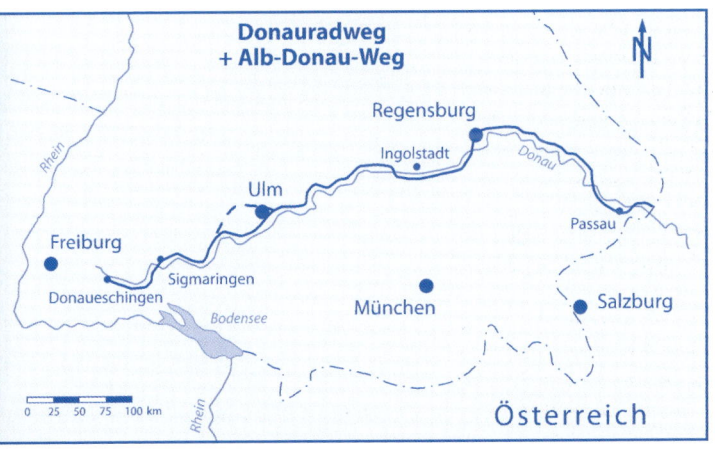

**Donauradweg
+ Alb-Donau-Weg**

DEUTSCHE DONAU — Auch der Donau-Radweg ist ein Klassiker unter den deutschen Radfernwegen und verläuft vom bergigen Schwarzwald bis zur österreichischen Grenze nach Passau. Gerne wird er als der Vater aller Radfernwege bezeichnet. Dabei werden nur wenige nennenswerte Steigungen (Schwäbische Alb) überwunden, denn die Route verläuft in der Regel sehr nah am Fluss auf größtenteils autofreien Wegen. Die Beschilderung ist gut, jedoch nicht einheitlich.

Etwa 150.000 Radler nutzen diesen touristisch bestens erschlossenen Radfernweg jährlich. Eine Verlängerung der Route bis nach Budapest ist problemlos möglich. Der deutsche Teil ist bei weitem nicht so stark frequentiert wie der österreichische Teil nach Wien. Unterkünfte sind ausreichend vorhanden, Campingplätze finden sich jedoch nicht gleichermaßen.

Länge: 600 km (Deutschland)
Informationen: *Arbeitsgemeinschaft Deutsche Donau*, Postfach 1540, 86620 Neuburg a.d. Donau, Tel.: 08431/57237, Fax: 08431/57308, info@deutsche-donau.de, www.deutsche–donau.de
Karten und Literatur:
● Alb-Donau-Radweg: Routenbroschüre gegen Gebühr unter 0761/89797979
● Donau Radweg, Von Passau bis Wien, Radwanderführer mit Extra-Tipps für Familien mit Kindern, BVA
● Das Donau-Radwanderbuch (Donaueschingen-Budapest), BLV Verlagsgesellschaft

Altmühltal-Radweg

 Der Altmühltal-Radweg besteht aus zwei unterschiedlich beschilderten Teilrouten: dem Altmühlweg von Rothenburg nach Gunzenhausen (64 km + 20 km Nebenrouten) und dem eigentlichen Altmühltalradweg von Gunzenhausen nach Kelheim (157 km). Die Route führt auf weitgehend autofreien Wegen nahezu ohne Steigungen entlang der Altmühl. Es bestehen interessante Anschlussmöglichkeiten an verschiedene Nebentäler. Bei einer Befragung nach den beliebtesten Radfernwegen des ADFC belegte der Altmühl-Radweg den zweiten Platz. Der Altmühl-Radweg gilt als besonders familienfreundlich.

Länge: 240 km
Informationen:
Tourist Information Romantisches Franken,
Am Kirchberg 4, 91598 Colmberg, Tel.: 09803/94141,
Fax: 09803/94144, info@romantisches-franken.de,
www.romantisches-franken.de (für den Altmühlweg)
Informationszentrum Naturpark Altmühltal, Notre Dame 1,
85072 Eichstätt, Tel.: 08421/98760, Fax: 08421/987654,
tourismus@naturpark-altmuehltal.de, www.altmuehltalradweg.de
(für den Altmühltalradweg)
Karten und Literatur:
- Altmühlweg, Rothenburg-Gunzenhausen, kostenloser Prospekt
- Radwandern Naturpark Altmühltal, kostenloser Prospekt
- Radwanderführer Altmühltal-Radweg (Rothenburg-Regensburg), mit Radwanderkarte und vielen Infos zur Strecke, BVA

Bodensee-Königssee-Radweg

Der Bodensee-Königssee-Radweg verbindet seit 1999 die beiden Seen im Westen und Osten von Süddeutschland miteinander. Dabei geht es auf verkehrsarmen Straßen und Wegen recht häufig auf und ab. Deshalb ist dieser Radfernweg sicherlich derjenige, der dem Reiseradler die beste Kondition abverlangt. Eine einheitliche und gute Ausschilderung erleichtert das Abradeln. Viele unvergessliche Naturerlebnisse und Panoramablicke auf die Alpen sind die herausragenden Merkmale dieses Weges.

Länge: 410 km
Informationen: *Tourismusverband Allgäu/Bayerisch Schwaben e.V.,*
Postfach 102529, 86015 Augsburg, Tel.: 0821/33335,
Fax: 0821/38331, tourismus@allgäu-bayerisch-schwaben.de,
www.btl.de/allgaeu-bayerisch-schwaben

Die schönsten Radfernwege ...

Bodensee-Königssee-Radweg

Karten und Literatur:
- Bodensee-Königssee-Radweg, Etappenbeschreibungen und 30 Karten 1:50.000
- ADFC-Radtourenkarte, 1:150.000, Blatt 26 (abschnittsweise), BVA

Im Ausland Unterwegs

Im Folgenden werden die wichtigsten europäischen Radreiseländer in Kurzform beschrieben und relevante Informationen für das Radreisen aufgelistet.

Belgien

Verkehr:
Obwohl Belgien das Radsportland schlechthin ist, finden sich für Tourenradler nicht so viele Radwege (Radwegbenutzungspflicht) wie beispielsweise in den Niederlanden. In den letzten Jahren entwickelt sich jedoch ein beschildertes Tourennetz auch abseits der großen Verkehrswege. Ein sehr dichtes Straßennetz recht guter Qualität wartet auf den Radreisenden. Nationalstraßen mit zweistelligen Nummern meidet man besser und weicht auf die schwächer befahrenen mit dreistelligen Nummern aus. Die Autofahrer sind die zahlreichen Radfahrer gewohnt.

Topographie:
flach an der Küste, hügelig im Zentrum und sehr bergig im Süden (Ardennen)

Bahn:
Fahrradmitnahme in allen Zügen möglich

Ersatzteile:
bis auf manche Gegenden in Wallonien (Ardennen) sehr gut

Übernachtung:
ausreichende Zahl von Hotels, Pensionen und Jugendherbergen, Campen nur auf überall vorhandenen Zeltplätzen

Literatur:
Belgien/Luxemburg per Rad, Cyklos-Fahrrad-Reiseführer, 1994

Dänemark

Verkehr:
Dänemark ist ein Radfahrland und bietet eine große Zahl von kleinen verkehrsarmen Straßen sowie ein Radtourennetz (cykelrute). Direktes Linksabbiegen ist für Radler verboten (über Kreuzung fahren, anhalten und dann erst kreuzen!). Bei weißen Dreiecken auf der Straße ist man wartepflichtig, wenn die Spitzen auf einen zeigen. Es gibt eigentlich kein Vorfahrtsrecht, sondern eine Wartepflicht, was das Radeln sicherer macht. Heben eines Armes bedeutet, dass man anhalten wird. Kinder unter sechs dürfen zu zweit auf einem Rad oder in einem Anhänger befördert werden.

Topographie:
flach, aber vor allem auch hügelig, jedoch ohne lange Anstiege

Bahn:
Fahrradmitnahme in fast allen Zügen möglich, bei Anhängern kann es Probleme geben

Ersatzteile:
gute Versorgung

Übernachtung:
ausreichende Zahl von Hotels, Pensionen und Jugendherbergen, Campen nur auf überall vorhandenen Zeltplätzen sowie einfachen ausgewiesenen Lagerflächen (teilweise gratis)

Literatur:
Dänemark per Rad, Kettler-Verlag, 1995
Overnating i det fri, Verzeichnis äußerst preiswerter Lagerplätze, Bezug über ADFC

Frankreich

Verkehr:
Frankreich bietet mit unterschiedlichsten Landschaften und einem sehr guten Straßennetz und zunehmend mehr Radwegen gute Voraussetzungen für Radurlauber. Nationalstraßen sind zu meiden. Ein Hupen der Autofahrer beim Überholen von Radlern ist nicht böse gemeint und sogar vorgeschrieben.

Topographie:
Norden und Westen flach, Süden, Mitte und Osten bergig bis hochgebirgig, große Flusstäler

Bahn:
sehr unterschiedliche Handhabung, aber selten wirklich problematisch, häufig werden nur verpackte Räder transportiert

Ersatzteile:
ausreichende Versorgung, auch in großen Supermärkten

Übernachtung:
große Zahl von Hotels, Pensionen und Jugendherbergen, Campen auf überall vorhandenen Zeltplätzen (ca. 9.000), freies Zelten ist in Nationalparks und in Gebieten mit Brandgefahr streng verboten, Bauern lehnen selten eine Anfrage ab

Literatur:
Frankreich, Kompass Radwanderführer
Südwest-Frankreich und Südost-Frankreich per Rad, Ketteler-Verlag, 2000

Großbritannien

Verkehr:
Das Radeln in England, Schottland und Wales ist bis auf den gewöhnungsbedürftigen Linksverkehr problemlos möglich, und ein besonders dichtes Netz an kleinen Sträßchen lockt Radreisende. Doch verdecken die vor dem Wind schützenden Hecken häufig auch die Sicht auf den Verkehr. Es gibt keine Radwegbenutzungspflicht. Im Kreisverkehr gilt rechts vor links, der im Kreis Befindliche hat Vorfahrt. Ansonsten wird die Vorfahrt durch Schilder geregelt. Extrem passives Fahren ist an den ersten Tagen sehr angebracht.

Topographie:
vor allem hügelig bis bergig (Norden, Wales, Schottland), im Osten auch flach, oft sehr steile Anstiege

Bahn:
Fahrradmitnahme in vielen Zügen möglich, aber gelegentlich nur ein oder wenige Räder pro Zug

Ersatzteile:
gute Versorgung, Probleme jedoch bei speziellen Teilen

Übernachtung:
große Zahl von Hotels, Pensionen (Bed & Breakfast) und Jugendherbergen, Campen auf überall vorhandenen Zeltplätzen, freies Campen ist erlaubt, man sollte sich jedoch von Privatgrund fernhalten oder nachfragen

Literatur:
England per Rad, Ketteler-Verlag, 1999
Schottland per Rad, Ketteler-Verlag, 1999

Irland

Verkehr:
Das Radeln im bei Reiseradlern sehr beliebten Irland ist bis auf den gewöhnungsbedürftigen Linksverkehr problemlos möglich, und ein besonders dichtes Netz an kleinen Sträßchen lockt Radreisende. Es gibt fast
keine Radwege. Es gilt rechts vor links. Ansonsten wird die Vorfahrt durch
Schilder geregelt. Extrem passives Fahren ist an den ersten Tagen sehr
angebracht. Entfernungen werden in Meilen (1,6 km) und Kilometern
angegeben.

Topographie:
vor allem hügelig bis bergig, mit sehr steilen Anstiegen an den Küsten

Bahn:
Fahrradmitnahme in fast allen Zügen möglich, kleines Streckennetz

Ersatzteile:
mäßige Versorgung, Probleme bei speziellen Teilen

Übernachtung:
große Zahl von Hotels, Pensionen (Bed & Breakfast), Jugendherbergen
und Zeltplätzen vor allem an den Küsten, freies Campen ist erlaubt, man
sollte sich jedoch von Privatgrund fernhalten oder nachfragen

Literatur:
Irland per Rad, Ketteler-Verlag, 1999

Italien

Verkehr:
Auf dem sehr dichten Straßennetz herrscht ein ebensolcher Verkehr, der sich auf den kleinen Straßen in ländlichen Gebieten jedoch verliert. Sportliches Radfahren ist beliebt, als Verkehrsmittel spielt das Rad nur in der Poebene eine Rolle. Es gibt kaum Radwege. Die Verkehrsregeln unterscheiden sich nicht von den deutschen, sie werden jedoch nicht immer beachtet. Anhänger sind erlaubt.

Topographie:
die Alpen im Norden, die Poebene und Adria in der Mitte, das Appenin von der Mitte bis in den Süden

Bahn:
Fahrradmitnahme in fast allen Zügen verpackt möglich, unverpackt nur in den etwa 400 „bici"-Zügen

Ersatzteile:
gute Versorgung in Norditalien, teilweise problematisch in Süditalien

Übernachtung:
ausreichende Zahl von Hotels und Pensionen, nur wenige Jugendherbergen, Campen nur auf vorhandenen Zeltplätzen oder mit Einwilligung des Eigentümers

Literatur:
Südtirol per Rad, Ketteler-Verlag, 1995
Toskana per Rad, Ketteler-Verlag, 1999
Radatlas Veneto, Esterbauer Verlag, 2002

Luxemburg

Verkehr:
Luxemburg ist zum Reiseradeln ein sehr attraktives Land, weist es doch neben seiner tollen Natur inzwischen eine Reihe von gut ausgeschilderten Radrouten auf. Das Straßennetz ist dicht und in einem sehr guten Zustand. Zahlreiche verkehrsarme Nebenstraßen locken den Reiseradler. Fahrradanhänger sind offiziell nicht erlaubt.

Topographie:
hügelig bis bergig mit schönen Flusstälern

Bahn:
Fahrradmitnahme in allen Zügen für 1 € möglich

Ersatzteile:
ausreichende Versorgung in den größeren Städten

Übernachtung:
ausreichende Zahl von Hotels, Pensionen und Jugendherbergen, Campen nur auf überall vorhandenen Zeltplätzen (vor allem entlang der Flüsse), oder mit Einwilligung des Eigentümers

Literatur:
Belgien/Luxemburg per Rad, Cyklos Radreiseführer, 1994

Niederlande

Verkehr:
Die Niederlande weisen das dichteste Radwegenetz der Welt auf. Leider sind viele Radwege jedoch gepflastert und „rütteln die Radler durch". Die Radwege müssen benutzt werden, was die Autofahrer durch eifriges Hupen beim Fahren auf der Straße unterstreichen. Zwar hat man als Radler an „rechts vor links" Kreuzungen seit Mitte 2001 auch wie Autos Vorfahrt, doch viele Autofahrer halten sich noch nicht an diese Änderung. Radfahrer dürfen zu zweit nebeneinander fahren und stehende Autos überholen.

Topographie:
flach, nur im Süden (Limburg) hügelig

Bahn:
Fahrradmitnahme in fast allen Zügen möglich

Ersatzteile:
sehr gute Versorgung, Fachgeschäfte in fast jedem Ort

Übernachtung:
ausreichende Zahl von Hotels, Pensionen und Jugendherbergen, Campen nur auf überall vorhandenen Zeltplätzen sowie mit Einwilligung des Eigentümers

Literatur:
Das Holland-Radwanderbuch, Stöppel Verlag

Norwegen

Verkehr:
Ein weniger dichtes Straßennetz als in Mitteleuropa mit zahlreichen Schotterpisten und vor allem vielen Bergen zeichnet Norwegen aus. Zahlreiche Tunnel sind unbeleuchtet und manche für Radfahrer gesperrt. Dennoch ist ein Norwegenurlaub mit dem Rad ein außergewöhnliches Erlebnis.

Topographie:
bergig

Bahn:
Fahrradmitnahme in fast allen Zügen möglich

Ersatzteile:
schlechte Versorgung auf dem Land, in Städten kein Problem

Übernachtung:
ausreichende Zahl von Hotels, Pensionen und Jugendherbergen an der Küste und im Süden, Campen auf ausreichenden Zeltplätzen sowie in der Natur (erlaubt)

Literatur:
Norwegen per Rad, Cyklos-Verlag, 1999
Fahrradführer Norwegen, Moby Dick Verlag, 1996

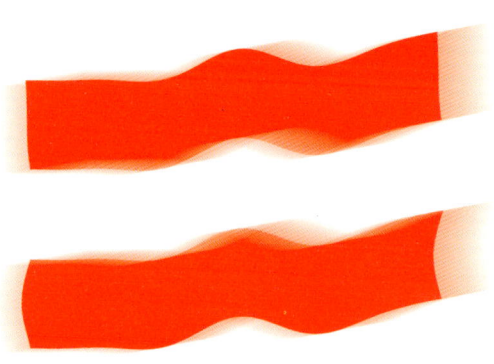

Österreich

Verkehr:
Das sehr gute Straßennetz in Österreich verläuft in den Alpen entlang der Täler und über Passstraßen. Weiter im Osten findet der Radler auch flache Regionen vor. Auf den gelb markierten Fahrradüberfahrten haben Radler Vorrang, und Radwege müssen benutzt werden. Das Fahren nebeneinander ist verboten. Dafür dürfen stehende Fahrzeugkolonnen vorsichtig überholt werden. Anhänger sind erlaubt.

Topographie:
in den Alpen nur in den Tälern flach, im Osten flache und hügelige Regionen

Bahn:
Fahrradmitnahme in fast allen Zügen möglich

Ersatzteile:
gute Versorgung

Übernachtung:
ausreichende Zahl von Hotels, Pensionen und Jugendherbergen, Campen nur auf überall vorhandenen Zeltplätzen, freies Zelten ist verboten

Literatur:
Radfernwege Österreich, Verlag Esterbauer, 1995

Schweden

Verkehr:
Ein weniger dichtes Straßennetz als in Mitteleuropa mit zahlreichen Schotterpisten ist für Schweden charakteristisch. Im Norden müssen häufig stark befahrene Straßen benutzt werden, während es im Süden zahlreiche kleine Landstraßen gibt. Ein recht ordentliches Radfernwegenetz ist vorhanden.

Topographie:
bergig bis hügelig, im Süden auch flache Regionen

Bahn:
offiziell keine Fahrradmitnahme erlaubt, Ausnahmen bestätigen jedoch die Regel

Ersatzteile:
schlechte Versorgung auf dem Land, in Städten kein Problem

Übernachtung:
ausreichende Zahl von Hütten, Pensionen und Jugendherbergen an der Küste und an den Seen, Campen auf ausreichenden Zeltplätzen sowie in der Natur (erlaubt), Hotels sind eher selten und teuer

Literatur:
Südschweden per Rad, Ketteler-Verlag, 2002
Fahrradführer Norwegen, Moby Dick Verlag, 1996

Schweiz

Verkehr:
Das sehr gute Straßennetz in der Schweiz verläuft in den Alpen entlang der Täler und über Passstraßen. Über 3000 km nationale Radfernwege und ebenso viele regionale Radwanderwege warten auf Reiseradler. Das Fahren nebeneinander ist bei geringem Verkehr erlaubt, und stehende Fahrzeugkolonnen dürfen vorsichtig überholt werden. Anhänger sind ebenfalls erlaubt.

Topographie:
im Alpenstaat sind nur die Täler flach bis hügelig

Bahn:
Fahrradmitnahme in fast allen Zügen möglich

Ersatzteile:
gute Versorgung

Übernachtung:
ausreichende Zahl von Hotels, Pensionen und Jugendherbergen, Campen auf überall vorhandenen Zeltplätzen, freies Zelten ist im Tessin generell verboten, in anderen Kantonen dagegen im Wald erlaubt

Literatur:
Schweiz per Rad, Ketteler-Verlag, 1995

Spanien

Verkehr:
Auf dem nur teilweise dichten Straßennetz in den Ballungsräumen herrscht ein ebensolcher Verkehr, der sich auf den kleinen Straßen in ländlichen Gebieten jedoch verliert. Fahrradwege sind fast nicht vorhanden. Radfahrer dürfen nebeneinander fahren, damit sie besser sichtbar sind. Sie dürfen die Seitenstreifen der Autovias benutzen und müssen mit großem Abstand überholt werden. Außerhalb von geschlossenen Ortschaften herrscht Helmpflicht. Anhänger sind erlaubt.

Topographie:
Pyrenäen im Norden und weitere Hochgebirge im Landesinneren, sowie zahlreiche Mittelgebirge aber auch weite Ebenen

Bahn:
nicht klar geregelt, aber oft möglich

Ersatzteile:
gute Versorgung nur in Ballungsräumen

Übernachtung:
ausreichende Zahl von Hotels, Pensionen und Jugendherbergen, Campen nur auf vorhandenen Zeltplätzen (Küsten und Gebirge) oder mit Einwilligung des Eigentümers. In der Nähe von Ortschaften, Flüssen und an Stränden ist das Zelten verboten

Literatur:
Spanien per Rad, Ketteler-Verlag, 1997

Aus Platzgründen kann hier leider kein kompletter Überblick über alle relevanten Informationen zum Radreisen im Ausland gegeben werden. Sehr gut aufbereitete Hinweise zu diesem Thema sind jedoch auf der Homepage des ADFC (www.adfc.de) zusammengestellt. Dort findet man unter anderem auch eine Übersicht zum Radreisen in den deutschen Bundesländern mit unzähligen Infos wie Radwanderwegen, Links zu Städten und Regionen etc.

Das Radreisen in Deutschland ist im Übrigen sehr unproblematisch, und durch ein sehr dichtes Straßennetz finden sich überall verkehrsarme Routen. Nirgendwo sonst auf der Welt gibt es so viele ausgewiesene Radstrecken. Die Zahl der Hotels, Pensionen, Jugendherbergen und Campingplätze ist vorbildlich, und man hat selten Probleme, ein Quartier für die Nacht zu finden. Wildes Zelten ist in Deutschland nicht erlaubt. Mit dem Einverständnis des Eigentümers darf man jedoch sein Zelt aufstellen.

Links

Allgemeine Links
www.adfc.de
www.auswaertiges-amt.de
www.reiseberichte.com
www.biketrekking.de
www.radreisen-online.de
www.fahrradreisen.de
www.radreise.de
www.vaude.de
www.scottusa.com

www.markill.de
www.swisseye.de
www.schwalbe.de
www.weber-products.de
www.1000bikelinks.de

Links zu Karten und Literatur
www.radfahren.de
www.fahrrad-buecher-karten.de
www.landesvermessungsamt.de

Die Buchreihe mit den schönsten Radfernwegen in Deutschland

- rund 180 Seiten, durchgehend farbig
- mit rund 100 Abbildungen
- Je € 15,95

mit Übersichtskarte und Schutzhülle

mit Übersichtskarte und Schutzhülle

mit Übersichtskarte und Schutzhülle

mit Übersichtskarte und Schutzhülle

Die richtigen Karten für Ihre Tour

ADFC-Regionalkarte 1:75.000

BIELEFELDER Radkarten

Mecklenburgische Seenplatte

Neue überarbeitete Auflage mit neuer Kartengrundlage!

ADFC Offizielle Karte des Allgemeinen Deutschen Fahrrad-Club e.V.

empfohlen von aktiv Radfahren

ADFC-Regionalkarte 1:75.000

BIELEFELDER Radkarten

Münsterland

ADFC Offizielle Karte des Allgemeinen Deutschen Fahrrad-Club e.V.

Mit dem neuen Radwegenetz »Radelpark Münsterland«

mit freundlicher Unterstützung der

LVM Versicherungen

Die neue große Radwanderkarte! Alle Radtouren für Wochenendtour und Tagesausflug
Mit Straßennamen zur besseren Orientierung!

- Über 40 Karten für die schönsten Radwanderregionen in Deutschland
- Preis je Karte € 6,80

Erhältlich im Buchhandel oder bei:
BVA - Bielefelder Verlag
Ravensberger Straße 10 f
33602 Bielefeld
Tel.: 0521/59 55 40
Fax: 0521/59 55 10

BVA